CRYSTAL PROSPERITY

人生を限りなく豊かにする

幸運のクリスタル

ジュディ・ホール 著
福山 良広 訳

ガイアブックスは

地球《ガイア》の自然環境を守ると同時に

心と体内の自然を保つべく

“ナチュラルライフ”を提唱していきます。

おことわり　本書で紹介するクリスタルを用いた儀式やレイアウトは資産運用に関する助言を意図したものではなく、一足飛びの成功を約束するものでもありません。繁栄を引き寄せることができるかどうかは内的な意志と外的な意志がどれだけ調和しているか、常に前向きに生きていけるかどうかにかかっています。すべては読者の皆さんの心がけ次第なのです。本書が皆さんの豊かな人生を築く一助となれば幸いです。

目 次

Judy Hall《ジュディ・ホール》は

英国在住のクリスタルファシリテーター・作家である。

代表作『クリスタルバイブル』は

イギリスとアメリカでベストセラーとなり、これまで

10ヶ国語に翻訳され発行部数は100万部を超える。

『クリスタルバイブル』以外にも、

『クリスタル百科事典』、

『ワンランクアップシリーズ 実践 クリスタル』

（いずれも産調出版）、

『*The Crystal Zodiac*』、『*Psychic Self-Protection*』

など多数の著書がある。

現在、クリスタルや占星術、サイキック・プロテクションに

関する様々なレベルのワークショップを主催。

世界中の人々とセッションを行っている。

ジュディ・ホール
ベストセラー
『クリスタルバイブル』など
著書は30冊を超える。

幼い頃からクリスタルの魅力にとりつかれたジュディには、
過去世でクリスタルのパワーを用いて
人を癒していた記憶がある。

彼女が本能的に感じるその能力は
現世でも活かされている。
クリスタルの歴史やその特性が発見された経緯について
旺盛な好奇心を持つ彼女は

大学院の修士課程で文化天文学・占星術を専攻。
天空、神、惑星、クリスタルと
古代文明の癒し療法との関係を研究した。
本書に紹介されているエクササイズは、

クリスタルによる癒しや占星術のワークに
35年以上携わってきた経験をもとに、
彼女が自身とクライアントの繁栄のために
公案したものである。

はじめに

幸運のクリスタル

先行き不透明な時代になると「繁栄とは何か」が議論の的になり、私たちの関心はお金に向くようになります。私たちは将来の見通しについて不安を抱き、このまま生計を維持していけるかどうか、失業する心配はないか、老後の蓄えは大丈夫か、どうすれば豊かな生活を送ることができるのだろうかと心を悩ませます。一見、世の中にはこのような悩みを解決する方法はたくさんあります。しかし、みなさんの中には「コズミックオーダリング」を熱心に実践してみたものの、いっこうに願いは叶わず、なんだか騙されたような気がしてきたとか、さてこれからどうしたものかと思案している方がいらっしゃるかもしれません。

でも私に言わせれば、こうした手段に頼るよりは自らの力で繁栄をたぐり寄せ、意志の力で人生を豊かにすることに時間と労力を費やすべきです。人生のあらゆる面において豊かさを引き寄せ、ゆるぎない幸福感と充実感を得たとき、私たちは真に豊かであるといえます。しかしだからと言って、プラス思考でがむしゃらに突き進めばいいというわけではありません。まずは根源的な信念に目を向けることが大切です。疑いや不安を感じたらそれを素直に認めてプラス思考に転換すればいいのです。みなさんには物事の良い面を見るという選択肢が常に用意されているのです。

クリスタルは何千年もの間、繁栄を引き寄せるために用いられてきた歴史があります。しかし本書が出版されるまでは、富、繁栄、豊かさを引き寄せるクリスタルに焦点を当てたものはありませんでした。本書は繁栄とは何かについて考察し、クリスタルのパワーを借りて人生に限りない豊かさを引き寄せる方法を解説しています。私はクリスタルを用いたワークに長年携わってきました。これまでの経験から言えることは、クリスタルには私たちが秘かに抱いている願望を増幅、強化、顕現させ、繁栄を強烈に引き寄せるパワーがあるということです。本書はこのようなクリスタルの特性を活かして繁栄を引き寄せる方法を解説しています。読み進むうちにきっと自分に合った方法が見つかるはずです。また、どうやってクリスタルの魔法の力と向き合えばいいのかも解説していますので、それが理解できれば人生に限りない豊かさを引き寄せることができます。

本書はお金儲けの方法を説いた本ではありません。真の豊かさと幸福感を手に入れるための方法を説いたものです。過去におこなったワークを活かしてさらに質の高いワークをおこなうのにも役立ちます。すでにおわかりの方もいらっしゃると思いますが、まわりに左右されない内なる安心感を手に入れることはお金儲けよりもずっと大切なことなのです。本書ではお金以外に人生を豊かにするもの——スキル、才能、人間関係、仕事と家庭のバランス——について詳しく考察していますが、単にこの本を読むだけでは人生を豊かにすることはできません。本書に紹介されているエクササイズに取り組み、自分にとっての繁栄とは何かをじっくり見極めることが大切です。日記をつけてみるのもいいでしょう。日々の生活で経験する小さな喜びや変化を逐次記録しておけば、豊かな人生に感謝できるようになるはずです。

シトリン

ジュディ・ホール

第1章

繁栄《プロスペリティ》とは何か

私たちがどれだけ豊かな人生を送っているか、また真に豊かな人生を送っているかどうかは繁栄に対する態度で決まります。ホロコーストの生存者であるヴィクトール・フランクルは家族や財産をすべて失い、多くの友人を失いました。しかし、彼はのちにこう語っています。「人から奪えないものがたったひとつあります。それは与えられた環境でどのような態度をとるか、どうふるまうのかという人間としての最後の自由です」。この洞察のおかげで彼の人生は豊かになったのです。

本章では真の繁栄とは何か、自分にとって繁栄とは何を意味するのか、どうすれば物心両面の幸せを手にすることができるのかについて考え、人生にあらゆる繁栄を引き寄せる方法を探っていきます。お金がなくても心の裕福さを手に入れる方法はたくさんあります。そのためのツールとしては、繁栄を引き寄せるクリスタルを用いた視覚化、アファメーション、儀式、クリスタルレイアウトなどがあります。「自分にとっての繁栄とは何か?」まずはあなたの心の一番奥深いところにある答えを探ってみてください。そして本書を読んでクリスタルの魔法の力を借りて人生に限りない豊かさをもたらす方法を発見してください。

幸運の
クリスタル

母なる地球の子宮内で育まれたダイアモンド、ルビー、サファイア、エメラルドは宝石の中でもとくに高価なものです。豊かな宇宙からの贈り物であるこれらの宝石は、古来、富と地位を象徴する装身具として用いられてきました。クリスタルは光り輝くものばかりではありません。その多くはくすんだ色とざらざらした表面を持ちます。つまり、クリスタルの価値は見た目ではわからないことが多く、その価値を理解するには素晴らしい特性に同調する必要があるのです。

下の写真：夜空をおもわせる濃紺のラピスラズリ。小さな星のように輝いて見えるのは、黄金色のパイライトのインクルージョン。

クリスタルはすでに私たちの生活に溶け込んでいます。例えば、時計、マイクロチップ、レーザーの動力源にはクリスタルが使われています。また、点火プラグの役割も果たし、各種鉱物は多くの医薬品の原料として用いられています。古来、クリスタルは装飾用に用いられてきましたが、もともとなぜ装身具として用いられるようになったのか、その経緯は不明です。ただひとつ言えることは、古文書の記録が示すように、単に美しいからというだけで用いられたわけではなかったようです。クリスタルの多くは準宝石、つまり不透明な岩の塊です。古代人が愛用したクリスタルの中には夜空をおもわせるラピスラズリや血を連想させる真っ赤なカーネリアンなどがあります。古代文明では見た目の美しさよりも石の特性が重視されたことは明らかです。古文書の記録や墓の埋葬品から、古代バビロニア人やエジプト人はクリスタルを彼らの守護神と関連づけていたことが判明しています。彼らはクリスタルには人を癒したり守護する力に加え、思考を現実化させるパワーがあることを知っていたのです。クリスタルをこうした目的で用いる習慣はこの頃に始まり現

代に至っています。翻訳上の問題でマシゥケス（Maziuquez）がどの石を指すのか現在は不明ですが、古代メソポタミア、アラビア、中世スペインなどでは財産を守る石とされていたようです。13世紀のスペインで、アルフォンソ10世の頃に編纂された翻訳文献『貴石誌』（*Lapidary of King Alfonso X the Learned*）にそのような記述が見られます。しかし、現代に暮らす私たちは幸運にもマシゥケス（Maziuquez）と同じくらい長い歴史を持つほかのクリスタルをたくさん利用することができるのです。

クリスタルの効果

クリスタルはエネルギーを発生、保存、放射、増幅させます。クリスタルを手に持つと体の周囲にある生体エネルギー場が3倍になります。自分の波動と合うクリスタルを手にすると本能的に心地よさを感じるのはこのエネルギーの増幅作用が関係しています。クリスタルの内部は格子状の結晶構造になっているので、エネルギーが内部をゆっくり移動したり、逆に急激に移動したりすることがあります。ときには内部に閉じ込められてしまうこともあります。クリスタルの結晶構造内にはパワフルな鉱物が混合していることが多く、医師も指摘するように、人体に特定の影響を与えます。

クリスタルは繁栄をもたらします。持ち主の意志を汲み取ってそれを強くし、増幅させ、宇宙に放つことで、願望をすべて実現させるのです。こう言うとクリスタルには魔法の力があるように聞こえるかもしれませんが、実は繁栄を引き寄せる力の源は私たち自身の思考と引き寄せの力が持つ大きなパワーなのです。これについてはのちほど詳しく見ていきます。

繁栄意識

繁栄とは心の状態であり、幸福のひとつのかたちです。繁栄するためにはもちろんお金は大事ですが、それだけでは不十分です。現状への満足感と安心感を持ち、豊かで充実した人生を送ることが何より大事なのです。また、人生の果実を分かち合い、感謝の心を持ち、必要なものはすべて宇宙が与えてくれると信じることが大切です。

お金の問題で悩んでいる人、とくに貧困の罠にはまってしまった人にとってはこうした繁栄の定義はたわごとに聞こえるかもしれません。しかし、よく考えてみると私たちが経験することの多くは自分がつくりだしたものなのです。多くの人々は来るべき不況に強い関心を持ち、どうしてまたたく間に不況が襲ってくるのか不思議に思います。不況の到来を嘆き、不況が長引く原因についてあれこれ考えます。こうした人々は自分たちの生活は国が面倒をみるべきだと考え、社会の繁栄を築くために自ら行動を起こすことはありません。自分は環境の被害者であると信じているのです。

その一方で、わずかなチャンスをものにする人や失敗を恐れず果敢にチャレンジして成功をつかむ人たちもいます。1980年代の不況のさなか、私が住んでいた小さな町には窓の清掃業者がいませんでした。ところがある日、ひとりの男性が窓拭きの商売を始め、近所にビラを配り始めたのです。彼は以前どこかの会社の重役だったらしいのですがリストラにあい、しばらく家でブラブラしていたのです。ある日奥さんは彼にこう言いました。「何もやることがないんだったら、はしごを持ってきて窓でも拭いてちょうだい。窓の掃除を頼むところがなくて困っているのよ」。彼はそのときピンときたのです。待てよ、うちの奥さんが困っているということは、よその奥さんも困っているはずだ。そう考えた彼はさっそくビラをまくことにしたのです。窓拭きの仕事を始めてわずか数ヶ月で月収は前職のときより増え、家族と過ごす時間も増えました。仕事を通じて様々な人と出会えることに喜びを感じ、時間の使い方も自分で決めることができることに満足していました。不況が去った後も、以前の仕事に戻るつもりはありませんでした。ある日、今が一番幸せだと感じるのはなぜですか、と尋ねられた彼は即座に「自負があるからです」と答えました。彼にとって自分の価値を決める基準は人格・品性であり、自分の職業とか他人がそれについてどう思うかといったことは二の次だったのです。要は自負を持てば、どんな職業に就こうと、他人がどう評価しようと自分をさげすむ必要など一切ないのです。

ここで繁栄に対する自分の態度について考えてみてください。お金をたくさん稼いで経済的成功を収めればそれで繁栄を手にしたことになると思いますか？　失業したり、金銭的な野望がくじかれたとたん「ああ、私の人生はもう終わりだ」と思いますか？　世の中には、腐るほどお金があればもっと違う人生を歩むことができたのにと考えたり、お金でバラ色の人生が買えると思っている人たちがいます。文字どおり金銭欲に支配されて人生を過ごす人たちです。でも彼らはいくらお金を稼いでも決して満足することはありません。むしろ金銭欲は高まっていくばかりです。

みなさんは自分や他人の価値を職業、社会的地位、財産などで判断しますか？　もし自分が「収入の低い仕事」に就いていたら、劣等感が先行しますか？　それとも、収入が低くても自分はこの仕事を通じて

下の写真：グリーンアベンチュリンは決断力を高めます。判断に迷ったときにほかにも選択肢があることを教え、我慢が必要なときは持ち主にそのことをそっと知らせてくれます。

誰かのために役立っている、社会に貢献していると考えることができますか?　心の中でどんな態度をとるかによって物事の感じ方は大きく変わってくるものです。自分は貧しいと思っている人の目にはこの世の中は随分すさんだ場所に映るでしょう。無力感に苛まれている人の目には第三者がすべてを牛耳っているように見えるはずです。ここでもう一度自分に問いかけてみてください。自分は環境の被害者だと思いますか?もしそう思うなら、充実した人生を送っているという実感はいつまでたっても得られないでしょう。残念ながら心の貧しさだけが膨らんでいくだけです。

しかし、こうした状況から抜け出す手はあります。真の繁栄は現状に対する満足と寛大な心から生まれます。現状への満足と寛大な心はあらゆる豊かさを自然に引き寄せるのです。それに加えて良い友人に恵まれること、仕事と余暇のバランスを保つこと、お金に対して健全な態度を持つこと——。これらも繁栄を生む大事な要素です。そしてはっきり言えることは、豊かな宇宙に暮らしていることを信じて疑わなければ繁栄はかならず私たちのもとを訪れるということです。誤解を避けるために付け足すと、問題が起きてもすべて順調であるかのように振舞えばいいとか、無視すればいいと言っているのではありません。私たちにとって必要なのは自分と素直に向き合うことです。マイナス思考は何かの警告と考えれば役立つこともありますが、来る日も来る日もマイナス思考にとらわれていては先へ進めません。かといって自分の感情を抑えつけたり、無理してプラス思考を心がけるのも逆効果です。自分にはどんな可能性があるのかを考える際、現実に即したプラス思考と、少女ポリアンナ（訳注：米国の作家エレノア・ポーターの小説『*Pollyanna*』

の主人公。底抜けの楽天家）のような非現実的なプラス思考との間には雲泥の差があります。例えば、目の前に請求書が山積みになっているのに、平然としているのは非現実的です。物事が悪い方向に行くといつも考えていれば、かならずそうなります。しかし、悪い方向に行く可能性がわずかでもあるなら、そうならないように計画を立て、現実的な目標を設定して最高の結果を信じれば、かならず良い結果が得られるのです。

本書では全編を通じて様々な「豊かさ」のかたちを見ていきます。みなさんには自分の力で豊かな人生を手に入れる方法を学んでいただきたい――。それが私の願いです。勇気を持っていま一歩が踏み出せない原因となっている心的態度や中核的信念、豊かな人生の障害となる不安、自己憐憫、否定的な心のつぶやき――こうした問題を解決する方法を一緒に探っていきます。本書を読み終わる頃には、繁栄のプロセスに身を委ねる方法が身についているはずです。

下の写真：クリアークォーツはエネルギーを発生させ、アメジストはクリエイティブな発想と霊性の向上を促します。

小さなことから始めましょう　小切手に金額を記入した後、いつも “only” と書きますか？　もしそうだとしたら今すぐやめましょう。お札に羽が生えて飛んでいくのはけっこうなことです。入ってくるためには出て行かなくてはなりません。むしろ豊かさを引き寄せる第一歩だと考えましょう。

豊かさを見つける方法

幸運のクリスタル

真の豊かさを見つける秘訣は自己の内側を見つめることです。具体的に言うと自分の資質を発見しそれを活かすことです。豊かな人生を築くのに必要な能力や適性、資質はすでにあなた自身に備わっているのです。大事なのはそれを信じることです。最初の第一歩を踏み出す強い意志と勢いがあれば資質を発見しそれを活かすことができるのです。

こうした話を聞くと中には「なるほどおっしゃることはよくわかります。でもね……」と言って、こう続ける人たちがいるかもしれません。「私はいま失業中なんですよ」「給料が安くて生活に困っているんです」「何もかも失ってしまったのです」「このままだと全財産を失うことにもなりかねないのです」。そして彼らは異口同音にこう言うのです。「でもこうなったのは私のせいじゃないんです」。要するに彼らが言いたいのは、こんな状況に陥った自分がかわいそうだということなのです。しかし自分を哀れんでいては世の中はすさんだ場所にしか見えません。こうした考え方にとらわれている人たちは万策尽き果て、一切の希望を捨ててしまったかのように見えます。人間というのは豊かさが感じられないといとも簡単に無気力、無力感、脱力感に陥ってしまうものです。そしてこの無気力が貧困、失望、絶望感を生み出すことはこれまで多くの事例が示すところです。やっかいなことに、この「自分はかわいそうだ」という態度は悪循環を生みます。しかし、本書で紹介するエクササイズ、視覚化、儀式、レイアウトなどを実践すればその悪循環を断ち切ることができます。安心して心豊かに人生を送っている限り、平穏に待てばかならず繁栄は訪れるのです。

下の写真：ジェイドには勇気と自立を促し、情緒を安定させる効果があります。

豊かさへのステップ

- メンタルプログラムの修正——思いは実現する。
- 自分の価値を判断する基準は職業や財産ではなく、人格や品性。自分に自信が持てるかどうかも大事な要素。
- 魂が喜ぶことをする——楽しいと思うことをしていれば豊かさは後からついてくる。
- 引き寄せの法則に従う——自分と同じ波動のものを引き寄せる。
- 夢は実現すると信じる。
- 日々の小さな喜びに気づき、感謝する。
- 宇宙は私の成功を望んでいることに気づく。
- 今この瞬間引き寄せたいものだけに意識を向ける。
- 自分に時間を与え、親切心と思いやりを持って接する。
- 疑いや罪悪感を捨て、すぐできることを故意に引き延ばさない。
- 不安や自己憐憫を手放す。
- 自分の物を人と分かち合い、与えることに喜びを見いだす。

下の写真：ジェイドは古来、高貴な石として扱われてきました。繁栄をもたらし沈着さを養う力があるとされています。

小さなことから始めましょう　自分の能力や適性の中で最も心を豊かにしてくれるものは何か、自分に問いかけてみましょう。それがわかったら今すぐ誰かのために役立てましょう。

引き寄せの力

幸運の
クリスタル

同じ波動を持ったものはお互いを引き寄せます。自分は何かを引き寄せるほうだと思いますか、それとも遠ざけるほうだと思いますか？　幸運を引き寄せるほうですか、それとも遠ざけてしまうほうですか？　良い流れを引き込むほうですか、断ち切ってしまうほうですか？　いずれにしてもどちらを選ぶかは自分次第です。私たちには豊かさを引き寄せる力がすでに備わっているのです。その力を引き出すために今すぐできることは、自分の心の移り変わりを読みとり、心の奥底にある信念と向き合うことです。なぜならこの世界をつくっているのは自分自身の思考や信念にほかならないからです。

自分から幸運を遠ざけてしまう人なんているはずがないと思われるかもしれませんが、現実には誰もがこういうことを無意識のうちにやっているのです。これは何をどう信じるかでいとも簡単に起こります。否定的な中核的信念を持っていたり、本当に望んでいることがその信念によって否定されているとしたら、今すぐその信念を変えなければなりません。ぜひ覚えておいていただきたいのは、同じ波動のものはお互いを引き寄せ、異なる波動のものは反発しあうということです。頭の中をマイナス思考が堂々巡りしているのなら、まずそれを払拭しなくてはなりません。心豊かな人生を送っている自分の姿を強くイメージし、必要なものはすべて自分で創造できると信じることが大切です。これからはお金だけでなく、人生を豊かにするものをすべて引き寄せましょう。方法は簡単です。自分を縛っている信念を手放し、幼少期に課せられた条件づけや文化的条件づけをきれいさっぱり捨てればいいのです。そうすればこれまでとはまったく異なるエネルギーの青写真に同調できるようになりま

繁栄とは何か

す。話題にしたことや思いついたことは現実化します。だからこれからは繁栄と喜びについて考えるようにしましょう。繁栄と喜びに満ちた人生があなたを待っているのです。

世の中には飽くなき金銭欲に人生を支配されている人たちがたくさんいます。彼らの辞書には「足るを知る」という言葉はないようです。満足感というものを一度も味わったことがないのです。まさに飽くなき欲望を満たすために蓄財にすべてのエネルギーを注ぎ込んでいる状態です。しかし、人生の目的が経済的成功を収めることなのに、もしそれが叶わないとわかったらいったいどうなるのでしょうか。そこにはむなしい人生が待ち受けているとしか思えません。むなしさを感じたとき、そのむなしさを何かほかのモノで埋めようとしてもいっそうむなしさが募るだけです。しかし、飽くなき欲望を捨てて現状に感謝し始めると、不思議なことに今までよりも願いが叶いやすくなるのです。

ただし、思い描いたことがかたちを変えて実現する場合もあります。それはあなたが豊かな人生を送るために今必要としているものだからです。

小さなことから始めましょう　祭壇を作ってみませんか。お金儲けのためではありません。人生に繁栄を引き寄せるための神聖な空間です。祭壇には写真や品物を飾りましょう。引き寄せたいものだけでなく、すでに人生を豊かにしてくれているものや日頃感謝しているものを置くといいでしょう。

下の写真：あなたにとって特別な意味を持つものを一箇所に集めることで、個人空間のエネルギーを充実させることができます。

お金に対する考え方

幸運の
クリスタル

人生にどれだけお金を引き寄せるかは繁栄に対する考え方によって決まります。稼いだお金の使い道や使い方、お金で買える喜び、お金がいつまで手元に残るか、そもそもお金に縁があるのかどうか——。これらはすべてお金に対する考え方によって決まります。実はお金に対する考え方は生まれ育った国の文化や家庭環境に左右される場合が多いのです。

次の質問に正直に答えてみてください。すべてお金に関することです。お金のことを考えるとワクワクしますか？　それとも考えただけで不愉快になりますか？　例えば、お金が無くてこの先も収入を得る見通しが立たないとします。そんなときお金のことを考えただけで憂鬱な気分になりますか？　「宝くじが当たったら」ああしようこうしようなどと無益な妄想にふけってはいませんか？　普段は貧しい生活をしていても、まさかのときに備えてお金を貯めておくべきだと思いますか——？　世の中にはお金は数ある財産のうちの一つにすぎないと考える人もいます。「たくさんあるに越したことはないが、なければないで仕方ない、とりたてて重要なものでもないし……」。そうかと思えば、人生はお金で決まると言う人もいます。こうした違いは個人レベルというよりはむしろ国民性に起因する場合もあるようです。後者のタイプの人にとってお金は社会的地位を測る尺度です。自分の価値を決めるのも、他人と比べて自分はどれだけ価値があるのかを決めるのもお金なのです。ところが彼らはお金を失った瞬間、自信を喪失しすべてを失ったように感じます。なぜそんなふうに感じるのでしょうか。その理由を考えてみましょう。

以前、誰かにこんなふうに言われたことはないですか。「人生は戦い

下の写真：アゲートには心を落ち着ける作用があります。客観的に問題を見つめるよう促し、人生にバランスを取り戻す働きがあります。

だ。生きていくためには懸命に努力しなくてはならない。この先ますます景気は悪くなる。だからどんなに欲しいものがあっても手に入れるのは難しい」。また、「金持ちはみんな金の亡者だ。貧困こそ美徳である」とか「悪銭身につかず。今日がだめでも明日がある」などと子どもの頃に聞かされたことはないでしょうか。また、次のような考え方について本音の部分でどう思うか考えてみてください。「私の生活の面倒は国がみるべきだ」「この厳しい世の中、夢みたいなことを言っている場合じゃない。誰でも金持ちになれるなんてあり得ない」「結局誰かが低賃金のキツイ仕事を引き受けなくちゃならないんだ。安定した『将来性のある』仕事でないと働く意味なんてないよ」。いかがでしょう。こうした考え方に賛成できますか？　霊性進化の道とお金儲けは相容れないとか、「俺たちのような者があんな良い仕事に就けるわけがない」「自分だけ何か欲しがるのは自己中心的だ。お金は諸悪の根源だ」などと聞かされたことはないでしょうか。実は私たちの多くは子どもの頃からこうした有害な思考あるいは間違った道徳観を知らず知らずのうちに潜在意識にインプットされてきたのです。こうした有害な思考の多くはお金がない言い訳に利用されたり、お金儲けを否定する口実として用いられてきました。もし上記の問いかけのうち一つでも信じているとしたら、心の豊かさを実感したりお金に対する健全な態度を養うことはできないでしょう。お金儲けに対する罪悪感は貧困の原因となるだけで、繁栄にはつながらないからです。

自分に問いかけてみましょう

もし誰かがこの場で100万ポンドくれたら、あなたは何に使いますか？

住宅ローンを完済する、まさかのときに備えて銀行に預金する、どこかへ出かけてパーッと使う――。あるいは私の知人のように「アフリカで井戸を掘る慈善団体に寄付する」という使い道もあるでしょう。自分だったらどうするか、思いついたことを全部ノートに書き出してください。そうすることでお金に対する本音の部分が見えてくるはずです。

100万ポンドを「井戸を掘る」ために寄付したいと答えた私の知人について少しお話したいと思います。彼女は見たところ裕福な中流階級で、素敵な一戸建ての家に住んでいました。ところが彼女のご主人は高収入にもかかわらず住宅ローンの返済に四苦八苦していたのです。そのため彼女はいつも誰かの御下がりの服を着て、「節約」に励んでいました。住宅ローンを返済するために夫婦は生活を切り詰めていましたが、彼女は素敵な家に住むための代償としてそのような倹約生活に納得していました。

一方で、自分はなぜ慈善団体に寄付したいなどと答えたのか、その理由を考えるうちに、子どもの頃から慈善事業の尊さを両親に教えられてきたことに気づいたのです。「余分なお金」があったら貧しい人や困っている人に寄付しなさい。それが両親の口癖でした。お金を使うのは生活必需品を購入するためであり、それ以外の目的に使うという発想はまったくなかったのです。残念ながら、これはまさに貧困意識を助長する典型的な考え方です。両親は食べていくには困らない生活を送っていましたが、生活はかなり質素でした。彼らは「まさかのときに備えて」一生懸命倹約していたのです。そしてよくあることですが、そ

繁栄とは何か

の「まさか」が現実になり、蓄えは老後の介護にすべて使い果たすことになったのです。結局、彼女が相続した遺産はゼロでした。慈善事業に寄付したいというのは果たして自分の本心なのか。グリーンカルサイトを握りしめてもう一度自分に問いかけてみることにしました。するとあることに気づいたのです。豊かな宇宙に任せておけばすべてはうまく行くと口では言いながら、その言葉と行動が一致していなかったのです。つまり、両親の思考・行動パターンを無意識のうちに繰り返していたのです。これを機に彼女はお金に対する考え方を改めました。結局、両親は一円も残しませんでしたが、彼女は現状に満足することを知ったことで心の満足感を味わうことができるようになったのです。以来どういうわけかいつも生活に困らないだけのお金が入ってくるようになりました。お金に対する自分の態度をもっと知りたい方は本書のp.80-85の質問を参照してください。

右の絵：自らを取り巻く環境が変化するのを待たなくても、自分は豊かだと感じることはできます。宇宙はあなたのどんな望みにも応えようとその機会を待っているのです。

私にとって価値あるものとはなんだろう？

幸運のクリスタル

自分にとって一番の財産は自分自身です。あなたは自分の価値をちゃんと認めていますか？　正当に自分を愛し、尊重し、褒めたたえ、慈しんでいますか？　様々な視点や長所を持つ自分は心が豊かだと思いますか？　ありのままの自分が好きですか？　金銭的な値打ちはなくても人生を豊かにしてくれるものを大切にしていますか？　何に価値を置くかによって人生は大きく変わってきます。友人や、価値観を共有する人たちと一緒にいる時間を大切にしていますか？　最愛の人たちと一緒に過ごすことができる喜びを感じているでしょうか？

自分が価値を置くものは、大抵子どもの頃から価値があると教えられてきたものです。自分らしさを大切にすることに加えて、自然や美、喜びにも価値を見いだすよう育てられてきたとしたら、あなたの心は豊かに違いありません。もしそんなふうに教わってこなかったのなら、今すぐ身のまわりにあふれている素晴らしいものに目を向けるべきです。

「貧しい人」というのは単に経済的に困窮している人のことではありません。「貧しい人」とは人とうまくコミュニケーションがとれない人、人生にあまり多くを期待していない人、自尊心が乏しい人のことをいいます。こうした人たちは自分が貧乏であることを片時の間忘れさせてくれるもの、それもお金で買えるものにだけに価値を見いだす傾向があります。残念ですが、こうした態度が続く限り幸福感を味わうことはできません。貧困の罠から抜け出すには価値観を根本的に変える必要があるのです。具体的に言うと、価値を見いだす対象を変えなくてはなりません。例えば、壮大な夕焼けを目にしたときの感動、祈りを通じた神との対話、

下の写真：スモーキークォーツは穏やかな波動を持つ石で、グラウンディング効果があります。この石を持って瞑想すると内観の質を高めてくれます。

繁栄とは何か

慈善事業を通じた社会貢献——。私たちの心を豊かにしてくれるこうした経験にもっと目を向けるべきなのです。心豊かな人生を送ることができるかどうか、それは何に価値を見いだすかによって決まります。場合によっては「素《す》の自分」でいられる時間を持つことが心を最も豊かにすることだってあるでしょう。自分はどんなものに価値を見いだしているのか、自分にとって大切なものにどれだけ時間を割いているのか、自分自身に問いかけてみてください。

エクササイズ

尊敬する人物10人の名前を挙げてください。次に、尊敬する理由と彼らのどんな資質が尊敬に値するのかを書き出してください。その資質は自分にも備わっていますか？

人生で最も価値があると思うものを20個挙げてください。そのうちただで手に入るものはいくつありますか？　自分自身もその20個の中に含まれますか？

日々の瞑想や祈りを通じて自分自身や神と対話していると、心の平和と現状への満足感が得られるようになります。心の平和と現状への満足感はそれ自体が人生を豊かにする資質です。ダライラマは非常に忙しくなると、さらに早起きして1時間余分に瞑想するそうです。時間に追われている人は通勤時間を利用して瞑想することも可能ですし（もちろん自動車通勤でない場合に限りますが）、就寝前の静かなひと時を瞑想の時間に充てることもできるでしょう。瞑想はずっと座ったままする必要はありません。例えば、昼休みに15分間、静かに歩きながら瞑想

自分の時間をどれだけ大切にしているだろう？

時間に追い立てられる生活をしている人ほど自分の時間を大切にするものです。仕事の重圧に押し潰されそうになったり、仕事で行き詰まったときは次の質問を自分にしてみてください。

1日24時間のうち、時間を割く価値があると思うものに費やしている時間はどれくらいだろう？　逆にお金のためと割り切っている時間はどれくらいだろう？

仕事をする時間を減らしても自尊心を失うことはないだろうか？（自信のない方はp.30-33を参照してください）

もっと小さな家に住んでシンプルな暮らしをする。子どもたちと遊んだり、妻や夫と一緒に過ごす時間や、犬と散歩する時間を増やす。そうすればもっと幸せを感じるだろうか？

毎日15分間、瞑想する時間を確保しようと思えばできるだろうか？

プレッシャーのかかる仕事を人に任せたり、やらずに済まそうと思えばできるだろうか？

よく見れば身のまわりには人生を潤してくれるものがたくさんあるはず。これからはそういったものに目を向ける時間がとれるだろうか？

人助けのために時間を費やす余裕が今の自分にあるだろうか？

時間の使い方を考える際、最も大切なことは何だろう？

するのもいいでしょう。楽しそうに遊ぶ子ども、美しい鳥、雲の形、空の色、花の甘酸っぱい香り、通りすぎていく人々の喧騒や匂い——。瞑想すると今まで気づかなかったものに目がいくようになり、感謝の気持を抱くようになります。

自分の仕事に価値を見いだす

今の仕事に満足していない、仕事に行き詰まりを感じている、失業していることを不本意に思う——。仕事に対する思いは様々ですが、仕事を通じて社会に貢献したり自己実現することに喜びを感じている人は、自尊心を大いに向上させることができます。

じっくり考えてみましょう

私は自分の価値を認めているだろうか？　自分にとって最も強い味方、一番の財産は自分自身だろうか？

今の自分には純粋に何かを楽しむ時間はあるだろうか？　ないとすれば、なぜだろう？

幸運の
クリスタル

心の裕福さを生み出すもの

ありのままの自分を受け入れること——。自分の価値を認め、豊かな人生を歩むためにはこのことが何よりも大切です。他人が描いたイメージやあなたが頭の中で作り上げた自己像は忘れましょう。心の裕福さを生み出すのは自尊心、自負、自信です。自尊心を育むのは人格や品性であり、富、財産、世間の評価は関係ありません。心の一番深いところにある信念に従って生きること。これが心の裕福さを手に入れる方法です。

自尊心の低い人は、人から認められたいという欲求が強く世間の評価を気にする傾向があります。また社会的地位や虚飾の成功を象徴するもの——高級車、立派な家、知名度、自分に箔をつける美しい妻やハンサムな夫など——に対する欲求が強いかどうかでもすぐにわかります。自分がいかに有能であるかを必死で世間に認めさせようとする人や、世間から認められたいという願望が強い人、そして勝つためには手段を選ばないタイプの人たちは一様に自尊心が低い人たちです。また、自分自身に強い不満を持っていたり、現状に満足できない人、自分よりも上の者にへつらったり、人の意見につい合わせてしまう人も自尊心が低いといえます。自分に欠けているものを自身の内側ではなく外側に求めようとするのは、満たされない気持を無意識のうちに埋めようとするからです。自分の価値を判断する基準は人生で何を成し遂げたか、あるいは第三者の考え方の枠組みに自分をどれだけうまくはめ込めたかだ、という考え方は多くの文化に共通する価値観です。ところが、これが繁栄を築くうえで最大の障壁となるのです。さらにこうした価値観は

繁栄とは何か

個人のニーズよりも全体の利益が優先するという考え方に基づいています。しかしこれは間違いです！ 豊かさとはありのままの自分に価値を見いだすことにほかならないのです。ありのままの自分には価値があると確信を持って言える。そのこと自体すばらしい資質といえます。ではどうすれば確信を持てるようになるのでしょうか。

- 自分らしく生きる
- ありのままの自分を受け入れる
- 真我を引き出す

自信をつけるということは一段ずつ階段を上っていくようなものです。心が折れそうになったときは、自分には自分にしかない価値があると言い聞かせるのが一番です。大切なのは職業ではなく人格や品性です。とはいっても、何か目標を達成すると自信になることは確かです。ですから、どんなささいなことでも自分が達成したことに意識を向けるようにしてください。高望みはやめて何か簡単にできそうなことから始めるのがコツです。目標は自分にふさわしいものに絞ること。何かを成し遂げた、仕事をやり遂げた、目標を達成した、今日も充実した一日を送ることができた——。そのたびに「よくやったね」と自分を褒めてあげましょう。自分にご褒美をあげるのもいいでしょう（お金である必要はありません）。逆に「もっとがんばればよかった」などと考え

下の写真：ラピスラズリは最高のパワーを秘めた石で、霊的進化を求める人には最適です。心を穏やかにし自己受容を促します。

幸運の
クリスタル

ないように。自分に厳しすぎるのはよくありません。何かを成し遂げた自分に敬意を表すのです。人は誰でも他人から思いやりと慈愛をもって接して欲しいものです。だから自分自身にも同じ態度で接しましょう。

ではこれから、自分の能力や適性、自慢できる点、自分が真価を発揮できる分野をすべて書き出して一覧表を作成してみましょう。書き出しはこんなふうにするといいでしょう。「自分には価値があります。なぜなら……」。何か新しい自分の価値に気がついたら、そのたびに書き足していってください。

一覧表の中身は時が経つとともに変わり、進化していくものです。中身がどう変わっていったかを記録しておくことで自分自身のことや自分のどんな面に価値を見いだしているのかが手に取るようにわかります。（自分がどんなものに価値があると考えているのか、まだよくわからない方はp.26-29をもう一度参照してください）。

逆説的な言い方をすると、自分のものを惜しみなく与えたり共有する人ほど心が裕福だといえます。例えば、辺境の地に暮らす人々の暮らしは物質的に恵まれているとは到底言いがたいでしょう。ところが彼らは喜んで自分のものを第三者と共有し、見知らぬ人にも親切にします。辺境の地での暮らしでは互いを思いやり、親切にする心が自然と芽生え、それが人々の心を豊かにするのです。また一方で、誰かのために自分の時間を割き、人の話に傾聴することはお金を寄付するのと同じくらい価値のあることです。笑顔を振りまいたり、励ましの言葉をかける

下の写真：ジェイドはお金に対する肯定的、積極的な態度を養うのに有効です。また、論理的思考を鍛え、知力を強化します。

のにお金はいりませんが、人の人生を変えることだってあるのです。

正しい生き方——行為・心・言葉を正しく保って生活すること——は古来より霊性進化の道を歩むための要諦とされてきました。人類同胞への奉仕もしかりです。自分らしさを貫き、自分の価値観に沿った生き方をしていれば、かならず心の裕福さを実感できるようになります。次に掲げる尺度に沿って心の裕福度を10段階で測ってみてください。

心の裕福度を測る尺度

自負心　職業ではなく人格や品性に基づいて自分の価値を判断すること。

自尊心　ありのままの自分を受け入れること。どんな小さな目標であれ達成感を大事にすること。

自信　自我との完全なる調和。自我と一体になり、自分にとっての真実を尊重すること。

心の平和　（p.104-105を参照）

どうでしたか？　本書を読みすすめていく中で、ときどき本章に戻って心の裕福度を測ってみてください。

お金以外に人生を豊かにするもの

幸運の
クリスタル

霊性、喜び、自然、美術、工芸、音楽、スポーツ、文化、友人、趣味、地域への社会貢献――。これらは私たちを本質的に満足させ、人生に生きる意味と情熱を与えてくれます。何かに夢中になっている人は、生きる意欲、意志、純粋な喜びに満ち溢れ、生き生きしています。夢中になるものがあれば人生に憂鬱が入り込む余地はありません。自分が輝いて見えるものが何か一つでもあれば、それだけであなたは唯一無二の特別な存在になるのです。何かに夢中になることは、創造性を発揮するのと同様、人生を大いに豊かにするのです。

小説、絵画、音楽、工芸などの創作活動をするとき、私たちはそこに自分の個性を埋め込みます。創るという行為が私たちに喜びと満足感を与えてくれるのです。ご存知のように、創作行為といってもその多くはたいしてお金はかかりません。ただし、続けていくにはある程度の努力が必要になるものもあります。

下の写真：研磨した石やもともと表面がなめらかな石は手触りがよく、見るたびに、初心にかえることができます。

友人関係

お互いに好感を持ち、支え合い、共に泣いたり笑ったりできる友。価値観を共有し、誠実で信頼できる友。そんな友人がいれば人生はきっと豊かになるでしょう。そのような友人はあなたの一番良い面を引き出してくれます。友人の存在そのものが心を豊かにするといっても過言ではありません。彼らはあなたの隠れた資質――忍耐、寛容、深い思いやりなど――を引き出してくれるのです。本当の友達付き合いをしていると、楽しみや喜び、驚きを分かち合うことで元気をもらい、世の中を別の角度から眺めることができるようになります。逆に、貧しくて、何かにつけて頼ってくる友人にげんなりしているとしたら、その人との付き合い方を見直す必要があります。その人と友達でいるのは、自分がどうしても必要とされていると感じているからでしょうか？　それともその人といると優越感を味わうことができるからでしょうか？　実は自分は必要とされているとか誰かの役に立っているという意識を、何か良いことをしたときの心地よさと混同している人が意外に多いのです。この原因は何かというと、他人の要求を満たすことで、自分も満たされると勘違いしているからです。本当に相手のためになる場合に限って友人を助けるのと、将来の見返りを期待して人助けに延々と自分の時間を割くのとでは大きな違いがあります。見返りを期待しても自分が助けを必要とする頃にはその人たちは大抵もうあなたのまわりにはいないのです。本当に相手のためを思って助けることは、自分の人生に活力と充実感を与えますが、見返りを期待すると逆にエネルギーを奪い取られてしまいます。また一方で、自分自身を向上させ、よりよい人生を送る方法を上から目線で懇々と説く友人がいたとしたら、その「友達付き合い」も見直すべきでしょう。元気をもらうどころか、逆に吸い取られてしまうからです。自分の価値も友人の価値も平等に尊重する人――。そんな人を友人に持てば人生は間違いなく豊かになります。例えば、求人募集を前にして、自信がないので応募しようかどうか迷っているとします。そんなとき「チャレンジしてみるべきだよ」と言ってあなたを励まし、採用面接の練習にも付き合ってくれるような友人がいたら、その人は間違いなくかけがえのない存在です。あるいは、あなたが友人に失礼な振る舞いをしたとします。それをあなたにハッキリ伝えて諭し、あとは気持ちよく赦してくれるような友人もまた無二の親友といえるでしょう。いつかあなたが恩返しすることで大きな満足感が得られるはずです。本来、友人関係は双方向のプロセスで、バランスのとれたギブ・アンド・テイクの関係で成り立つものです。言い換えれば、大切な友人との関係は心の貯金箱に貯まったお金のようなものです。また、心を豊かにするもの——スポーツ、美術、音楽、趣味など——を一緒に楽しむ友人がいれば人生がよりいっそう楽しくなります。

霊　性

宗教に心の安らぎを求める人は少なくありません。そういった人々は教会などを通じて良い人間関係に恵まれることもあります。しかし、良い人間関係を築くことが霊性の目的ではありません。霊性とは心の支えとなる内なる信仰を持ち、大いなる存在とつながることです。その大いなる存在を何と呼ぼうとそれは二の次です。大事なのは、「大いなる存在」とつながるために日々瞑想することと、瞑想を通じて得られる深い心の安らぎが私たちの人生を大いに豊かにしてくれるということです。クリスタルを用いれば瞑想に集中することができます。

奉　仕

奉仕の心を持つということは「在る」ことであり、具体的な活動を意味するわけではありません。奉仕の心は他者に対する深い思いやりから生まれます。報酬や表彰などの見返りを期待せず、必要とされていることを淡々とおこなうのが奉仕です。奉仕の仕方にも色々ありますが、純粋に与える喜びを感じながら人知れず世の中のために汗を流す——陰徳を積む——ことは周囲に最も良い影響を与えます。誰かに微笑むのも立派な奉仕ですし、路上生活者に紅茶一杯分のお金を与えることも奉仕です。ただし、偏った判断や恩着せがましい態度が透けて見える場合は奉仕とはいえません。小さな奉仕の積み重ねによって私たちは寛大な心を育て、繁栄の好循環を生むことができるのです。

エンドルフィン

自然の中で散歩を楽しんだり運動すると体内でエンドルフィンの分泌が活発になり気分が爽快になります。チョコレートを食べたときも同じ効果があります。エンドルフィンが体内に行渡ることで活力が維持されるからです。したがって、充実感を味わう一番早い方法は体を動かすことです。

下の写真：アンモライトは6500万年前の海洋生物の化石の貝殻からできる宝石です。

小さな第一歩　あなたにとって最も価値があり、人生を豊かにしてくれるものは何ですか？　その中で今すぐ実行できるものはありますか？　思いついたら今すぐ行動しましょう！

自分の本当の望みを知る

幸運の
クリスタル

繁栄を手にするために一番大事なことは自分が本当に何を望んでいるのかを知ることです。宇宙への願い事を始めた頃や、自分の資質に気づき始めた頃は、本当の望みがわからなくなってしまうことがよくあります。それは「本当の望み」は何なのかを真剣に考えることに慣れていないからです。これが自分の望みだと思っていても、実は心の奥底にまた別の望みがある場合もめずらしくありません。心の一番深いところにある望みに行き着くには、かなり掘り下げて考える必要がありますが、やってみるだけの価値はあります。

「大きな高級車を持っていれば、今まで私を負け犬呼ばわりしてきた奴らを見返してやることができる。これほど気分のいいことはないじゃないか。だから私は大きな高級車が欲しい」。あなたはこんなふうに考えたことはありませんか？　もしあるとすれば、それは自分を大きく見せようとしているだけかもしれません。本当に欲しいものは車ではなく、何かほかにあるはずです。こんなときは心の奥底を覗き込んで、本当に手に入れたいものをしっかり見極めることが大切です。行きたい場所に簡単に行けて、燃費も使い勝手も良い快適な車が欲しいなら、ごく普通の車が欲しいと思えばいいのです。繁栄を引き寄せるにはまずこうした問題と向き合わなくてはなりません。そうでないと本当に何を望んでいるのかが自分でもよくわからないまま、願いが宇宙に送信されてしまうからです。そうなると、望んだはずのものが手に入っても満足感は得られません。理由は簡単です。それはもともと本当に欲しかったものではないからです。

下の写真：タイガーズアイもアゲートもグラウンディング効果を持ち、元気を与えてくれます。個人のエネルギーを高め、何ごとにも前向きな姿勢を養い、自分の能力に対する自信を高めてくれます。

繁栄とは何か

ところで、今あなたが一番欲しいものは何ですかと訊かれたら何と答えますか？　今ここにあったら嬉しいと思うものを考えてみてください。例えば、それがチョコレートだとします。ではなぜチョコレートなのかを考えてみてください。求めているのは美味しさが口の中に広がるあの食感ですか？　口の中でチョコがとろける感覚を十分味わいたいと思いますか？　それとも味なんて気にせずに一気に食べてしまいますか？

美味しさを求めているのなら、話は簡単です。一方、単に胃袋を満たすような食べ方をするということは、貧困意識、不快感、欠落感、憂鬱が襲ってこないよう必死に自分の感情をコントロールしようとしている証拠です。もしかしたらエンドルフィンの分泌を期待しているのかもしれません。あるいは、チョコレートを食べると毛布に包まれたような安心感を覚え、不愉快な感情を抑えることができるからかもしれません。でも、そうだとしたらいくら食べても気分が良くなることはないでしょう。それよりも誰かに抱きしめられたり、「君の気持はよくわかる。そう思って当然だよ」と時折言ってもらうことがあなたには必要なのです。

ですから、「私は…が欲しい」と感じたときは、いったん冷静になって本当に欲しいものは何なのかを考えてみる必要があるのです。最初に欲しいと思ったものを書き出して、次の質問を自問してみましょう。

- ❊ これは私が本当に望んでいるものだろうか。
  それとも何かほかにあるのだろうか？
- ❊ なぜ私はこれが欲しいのだろう？
- ❊ 心の奥底にある願望を満たしてくれるものは何だろう？
- ❊ 私の人生を本当に豊かにしてくれるものは何だろう？

本当に欲しいものがわかったら、それをはっきりと望んでください。ただし、わかったと思った矢先に、それを邪魔するような考えが浮かんでくることもあります。例えば、誰かにこんなことを言われたことはないですか？「欲しいものが全部手に入るわけじゃない」「自分のために何かを欲しがるのは間違っている／利己的である」「むやみに欲しがってはいけない」「そんなものを欲しがると、ろくなことにならない」

子どもの頃、あるいは今まで耳にしてきた否定的、消極的なメッセージを思い出してみてください。今こそこうしたマイナス思考をプラス思考に変えるときなのです。

❊ 私の願いはすべて叶う。
❊ 私には欲しいものは何でもある。
❊ 私には良いことしか起こらない。

欲しいものを自分に与える

子どもの頃、何かが欲しくて欲しくてたまらなかったときのことを思い出してください。静かに目を閉じて子どもの頃の自分を思い浮かべ、そのときの気持をなぞってみてください。どうですか、あのときの激しい感情が蘇ってきましたか？

それは手に入りましたか？

手に入れたときどんな気持でしたか？

結局手に入らなかった人は別のシーンを思い浮かべてください。もう一度目を閉じて、今度は欲しかったものが手に入ったときの場面を想像しましょう。欲しかったものが手に入ったときの喜び、興奮、満足感──。どうですか？　嬉々とした自分の姿を想像し、その喜びに浸ることができましたか？　こうやって欲しいものが手に入った場面を想像することで、子どもの頃に感じたあの興奮をいつでも味わうことができるのです。

満足感は得られましたか？

そのときの満足感はどのくらい続きましたか？　もしほんの束の間だったとしたら、実はほかにもっと欲しいものがあったことを示唆しています。また、あのときどれだけ結果に執着したか思い出してください。子どもというのは結果に強くこだわるものです。子どもにとって願いが叶わないということはこの世の終わりに等しいのです。大人になった今、子どもの頃と同じ激しい願望を感じながらもそれほど結果に執着せずにいることができますか？　必要以上に結果に執着しないということは、きわめて有益なことなのです。

下の写真：マニフェステーションクォーツは大きな水晶の中に1つまたは複数の水晶が含まれているのがはっきりと見える希少な石です。繁栄を引き寄せる貴重な石とされています。

明確に望む　自分の望みが明確になったら、それを簡潔明瞭な短い文章にまとめましょう。簡潔に表現できるようになるまで何度も練習することが大切です。

意志の力とアファメーション

幸運の
クリスタル

意志の力を活用するには目標達成の期待に胸膨らませながらも結果に執着しないことが大切です。目標を達成するには意志の力に肯定的、積極的な感情を伴うことが必要ですが、同時に結果に執着しないことも大切です。矛盾しているように聞こえるかもしれませんが、執着を捨てると目標が実現しやすくなるのです。執着を捨てるということは自分の意志や感情を手放すということです。意志の力がなぜ、どのように作用するのかを知る必要はありません。クリスタルが、繁栄もたらす宇宙のエネルギーに私たちを接続させ、すべてうまくいくように取り計らってくれるからです。

信念、書き言葉と話し言葉、暗唱、クリスタル、宇宙、アファメーション、手放すこと――。意志はこれらが持つパワーを利用しています。古代文明の民が呪文やまじないを唱えたのも、話し言葉や書き言葉、暗唱の持つパワーを理解していたからです。彼らはよくクリスタルにお守りの呪文やシンボルを彫って身につけていました。また、そのようなクリスタルを神に捧げ、すべてが順調にいくように祈ったといわれます。意志を明確にした後は宇宙に手放すことが重要です。期待したり結果に執着してはいけません。結果を強くイメージするのと結果に執着するのとは異なります。最初に良い結果を強くイメージすれば意志は実現しやすくなりますが、結果に執着しすぎると良い流れがせき止められてしまうのです。いったん意志を明確にした後は手放すことです。そうすればすべてうまくいきます。

下の写真：プラシオライト（グリーンアメジスト）は知力、情緒、意志の力を強くすることで繁栄を引き寄せます。

望むべきか望まざるべきか

何かを意図したり、アファメーションするということは意志を宇宙に放つということです。自らの意志を実現させることに全身全霊を傾けることではありません。大事なことは、流れに任せることです。いったん動き出したものには干渉せず、じっくり見守ることが大切なのです。それはちょうどケーキを焼くのに似ています。必要な材料を全部混ぜ終えてオーブンに入れた後、気になって何度もオーブンの扉を開けて中を覗いていたらどんなことになるかおわかりですね。出来上がってくるのは焼けそこないのぺちゃんこのケーキです。しかし、レシピどおりに扉を閉めたままにしておけば、美味しそうに膨らんだケーキが焼きあがるのです。

願望実現のワークやアファメーションをするときは、現在形で言葉を連ねると望みが叶いやすくなります。逆に未来形を使うと常に現実化の途上にあることになるので、いつまでたっても実現しません。ですから「私は……をしている」と言えばいいのです。「私は……している」だとあなたの意志は現在に存在していることになりますが、「私は……するつもりだ」とか「しようと思えば……できる」は自分の意志を未来に反映してしまうことになるのです。

為すべきか、為さざるべきか

意志を持つということは何かを試みることではありません。映画『スターウォーズ』のヨーダのセリフにあるように「できるか、できないか」のどちらかなのです。一生努力しても願いが叶わないこともありますが、叶うときは叶います。自分の意志について考えるとき「いいえ」とか「……でない」「……したくない」といった否定語は避けたほうが無難です。例えば、「貧乏はもういやだ」(no more poverty)と言うときに「貧乏」(poverty)の前に「もういやだ」(no more)を置いた形の文にすると、自分が本当に望んでいるのは「豊かさ」(abundance)だということが潜在意識にうまく伝わらないからです。結果的に貧乏が加速されていきます。

また「私の生活の面倒は国がみるべきだ」という甘い期待や隠れた意図も持たないほうが賢明です。こうした考え方はあらゆる否定的な感情を引き寄せるからです。望みを叶えるための環境づくりという点ではマイナス要因でしかありません。目標を持ち、良い結果を信じて前向きに進んでいくことのほうがはるかに賢明です。ですから、こう言えばいいのです。「私は……をしています／私は……です／私は行動しています／私は……を達成しました」

さらに、望みをどんな言葉で表現するかにも細心の注意が必要です。「もっと欲しい」という言い方は、その言葉どおりになる場合もありますが、手に入れたものが自分のためにならないものだったり、期待したものとは違っていることがあります。あいまいな気持のまま、あいまいな言葉で望むと、心の奥底で渇望していたことや恐れていたことが現実化する可能性が高いのです。

明確な意志を持つ

願い事をする前に、p.38-41にもう一度目を通してください。限りない繁栄を引き寄せるためには、自分の意志を明確にすることが不可欠です。

アファメーション

アファメーションとは願い事を声に出して宣言することです。前向きな言葉を現在形で何度も繰り返します。鏡に映った自分の目を見つめながらおこなうと、より効果的です。できるだけ感情を込めて、強い意志を持って宣言してください。それがすんだら手放しましょう。効果的なアファメーションをするコツは「……でない」「いいえ」「もうこれ以上……したくない」などの言い回しを避けることです。繁栄を引き寄せるアファメーションをするときはみなさんもこんなふうにやってみてください。「私はあらゆる面で豊かです。今も私の体には繁栄が満ちあふれています」

下の写真：グリーンガーネットは再生の石です。目的にそぐわない旧態依然とした考え方を改めるのに有効です。

小さなことから始めましょう　今の自分にもできそうなことから始めましょう。意志が明確になったらアファメーションをします。次に、その意志がクリスタルの中に流れ込んでいく様子をイメージしてください。それが済んだら手放して、クリスタルにすべて委ねましょう。

感謝と神の恵み

幸運のクリスタル

豊かさの根本は感謝の心です。多くの宗教では収入や収穫の十分の一を神に納めるという慣わしが何千年にもわたって受け継がれています。この十分の一献金はすこぶる健全な考え方に基づいています。すなわち私たちに様々な恵みを与えてくれる神や宇宙に感謝の気持を表すことが目的なのです。意外な感じがするかもしれませんが、無いものを欲しがるのではなく、今あるものに感謝すると豊かさの奥行きが広がっていくのです。また、自分がいかに恵まれているかを思い起こすことも古代からの慣わしですが、豊かさを引き寄せる有効な手段として日々の生活において実践したいものです。

現代でも教会や慈善事業に収入の一部を寄付する人がいます。たとえお金が無くても自分の時間や中古品を提供することも立派な寄付です。いらなくなった日用品でまだ使えそうなものを玄関先に並べて「どうぞご自由にお持帰りください」と張り紙をしておくのも一つの手です。こうした行為によって善行の循環が普遍的に保たれるのです。また、現状に感謝するもう一つの方法は、どんなささいなことにも「ありがとう」と口に出して言うことです。

下の写真：クリスタルをお皿に盛って身近な場所に置いておきましょう。日々感謝の気持を忘れずに暮らすことができます。

ペニー銅貨を見つけたら

あるところに一人の老人が住んでいました。「ペニー銅貨を見つけたらそれを拾うんだ。そうすれば幸運が舞い込むのだよ」。老人はそう言って、たとえわずかなお金でも落ちていたら拾うことにしていました。拾ったときは「ありがとう」と付け加えるのを忘れませんでした。正直者の彼は、高額な場合は落とし主が現れるかもしれないと思い警察に届け出ましたが、大抵は時効が成立しお金は彼のものになりました。老人は手にしたお金をドッグレースに賭けるのを楽しみにしていました（今だったらきっと宝クジを買うでしょう）。グレーハウンド競争に夢中だったのです。老人曰く、お金というのは本来どんどん増えていくものなので、レースに賭けることでお金に増えるチャンスを与えているというのです。首尾よくレースに勝ったときは、きまって家族や友人たちと分かち合いました。彼は決してお金持ちとはいえませんでしたが、現状に満足し、日々暮らしていけることに感謝していました。自分のことを「人生を謳歌する、豊かさの証人」と呼び、自分は恵まれていることにいつも感謝していたのです。

「恵まれている私」

自分が恵まれていることに気がつくと無意識に物事の良い面に目がいくようになり、それによって欠乏感から意識を逸らすことができます。しかし現実には、自分が恵まれていることになかなか気づかないものです。

ここで少し時間を取って、自分は恵まれていると思う点を20個書き出してみてください。親友、人から受けた親切、そのほか思いつくものは何でもけっこうです。

恵まれていると考える習慣がついたら、恵まれている点を頻繁に思い起こすようにしましょう。「私は恵まれている」とアファメーションしてください。そこには言葉どおりの自分がいるはずです。

感謝の石

感謝の石を持つと現状に感謝し、感謝の気持をうまく表すことができるようになります。豊かさを引き寄せるクリスタルでもいいですし、どこかで拾ってきた小石でもけっこうです。自分にとっての感謝の石を選び、目につきやすい場所に置いてください。できれば玄関脇がベストです。そばを通るたびに石に触って「私は感謝しています」と伝えましょう。宇宙に放たれた計画や望みが実現するたびに、1個ずつ石を足して「ありがとう」と話しかけます。こうすることで豊かさが徐々に引き寄せられてきます。同時に感謝の気持を忘れないでおくこともできます。思い出したようにその都度感謝するのではなく、常日頃から感謝して生きていくことが大切です。世間にはそのような生き方を品位のある生き方と呼ぶ人もいます。

ジェイド

シトリン

タイガーズアイ

ゴールドストーン

カーネリアン

じっくり考えてみましょう

繁栄とは何か

人生で一番恵まれていると思うことは何だろう？

私にとって一番ささやかな幸せって何だろう？

予期しなかった幸せを感じたことはあるだろうか？

自分は恵まれていると感じることの中で一番ワクワクすることは何だろう？

「災いを転じて福となす」が自分の身に起こったことはあるだろうか？

人に何かしてもらったときはちゃんとお礼を述べて感謝の気持を表しているだろうか？

現状に感謝しているだろうか？

恵みとは感じられなくても、魂にとって必要な学びに違いないと思うことに、感謝しているだろうか？

収入や時間の一部を教会や慈善事業に寄付しているか？

社会にどんな貢献をしているだろうか？

第2章

クリスタルツール

クリスタルは繁栄を引き寄せる強力なツールです。引き寄せの力とエネルギーを生み出す力を持つクリスタルは、思考、気持、感情を支え、増幅させます。さらにエネルギーを引き寄せるのもクリスタルの特性です。このことが意味しているのは、クリスタルを用いてワークをおこなうときは、目標が持つ肯定的な面に思考、気持、感情を集中させることが大事だということです。起きてほしくないことに意識を向けてはいけません。また自分を哀れんだり、自分の生活の面倒は国がみるべきだなどと考えるのもよくありません。自分はすべての面において自立していると考えたほうがずっと良い結果をもたらします。もし何か不安があるのならそれを正直に認めればいいのです。クリスタルの助けを借りればこうした不安を解消し、前向きな気持ちに転換することができます。

クリスタルが最大の効果を発揮するには、十分な準備と磁化が必要です。磁化とはクリスタルに何を助けて欲しいのかを具体的にお願いすることです。そうすればクリスタルは自分がどんな役割を期待されているのかを理解します。その結果、持ち主に必要なものを磁石のように引き付けてくれるのです。本章で紹介するエクササイズは第３章で取り上げる儀式など、ほかの目的にも応用できます。

意志の力で自分の世界を広げる

意志とは何かを成し遂げようとする志《こころざし》のことですが、それは誰かに無理強いされたものではなく、かならず叶うという保証もありません。言い換えれば、意志とは何かを為すことではなく在る状態を指します。本書に収められているエクササイズ、儀式、視覚化をおこなうときは、リラックスしながらも、感覚を研ぎ澄まして意志を明確にしておくことが肝心です。意志が明確であればあるほど（p.42-45を参照）、願いが実現するスピードは速くなります。そして願いは叶うと強く信じれば信じるほど、それだけ自分の世界を大きく広げることになるのです。

すでに述べたように、強い意志を持つことは大事ですが、結果に執着しないことも同じくらい大事です。儀式、レイアウト、エクササイズをおこなっている間、感情や気持は結果ではなく儀式そのものに集中していなくてはなりません。ただ、結果にこだわるなと言われても最初は理解しにくいかもしれません。なにしろ、願いは実現すると強く信じなさいといいながら、一方で結果に執着してはいけないというのですから……。しかし、この考え方が意味するのは、干渉せずに流れに任せていれば、宇宙が代わりに願いを実現してくれるということなのです。

成形したラベンダージェイド

アメジストのタンブル

アメジストのクラスター

エクササイズ

意志と同調する

どんなに絶望的な状況でも意志の力があれば乗り越えることができます。状況を打開するにはリラックスしながらも五感を研ぎ澄まし、自分の意志と至高善《しこうぜん》を完全に同調させることが必要です。意志と至高善が同調した瞬間、願望が実現し、あらゆる可能性が広がります。いうなればそのような状態は時間の概念を超越したところで生まれ、一瞬のうちに状況を変化させるのです。例えば、あなたは友人がいなくて淋しい思いをしているとします。そんなとき、一緒にいると心がなごむ友人に出会いたいという意志を持てば、その願いはすぐに実現します。友人が欲しいという意志があれば十分です。あまりにも早く実現するので最初は驚かれるかもしれませんが、望んだことが100%自己中心的でなければ実現のスピードはさらに速まります。ここで重要なのは為すのではなく在ることです。つまり自分から行動を起こすのではなく、意志を持ち、至高善と同調し、流れに身を任せる。そうすれば最高の結果が得られるのです。もう必要以上にエネルギーを使う必要はありません。結果についてあれこれ考えたり、感情を表に出すのは逆効果です。手放して流れに任せましょう。

ではどうすれば自分の意志を至高善に同調させることができるのか、きっとみなさんは疑問に思われているでしょう。実はここからがクリスタルの出番なのです。クリスタルを用いて練習すれば至高善と同調したときの感じがつかめるようになります。それでは実際にやってみましょう。

幸運の
クリスタル

クオーツ

クォーツを1個手に持ってゆっくりと息を吸って吐きます。これを5回繰り返してください。そして至高善と完全に同調したときの感覚を味わいたいとクリスタルに伝えてください。至高善との同調は一つの精神状態なので、頭で理解しようとしても難しい面があります。ですから論理的な答えは期待せず、どう感じるかに神経を集中させてください。やがて自分の体が至高善との同調に向っていくのを感じるでしょう。エネルギーが脊椎を交差し、その周辺を移動しているのがわかるはずです。そしてしばらくすると、かすかに身体がふわっと浮いた感じに包まれます。実際に体が椅子から少し浮いたり、頭のてっぺんが少し上がったように感じることもあります。同調したときの感覚には個人差がありますが、一度体験するとわかります。

エクササイズの効果的利用法

静かに座り、至高善のエネルギーが顕現し、そのエネルギーと同調できるように望んでください。このとき何かをしようとしてはいけません。流れに身を任せて「在る」だけでいいのです。みなさんに知っていただきたいのは、至高善のエネルギーと静かに同調した瞬間、すでに状況は好転し願いは実現しているということです。すべては一瞬のうちに変化し、あらゆる可能性が眼前に広がるのです。再び部屋の中に注意を向けてください。どんな変化が訪れるかあとはじっと待つだけです。

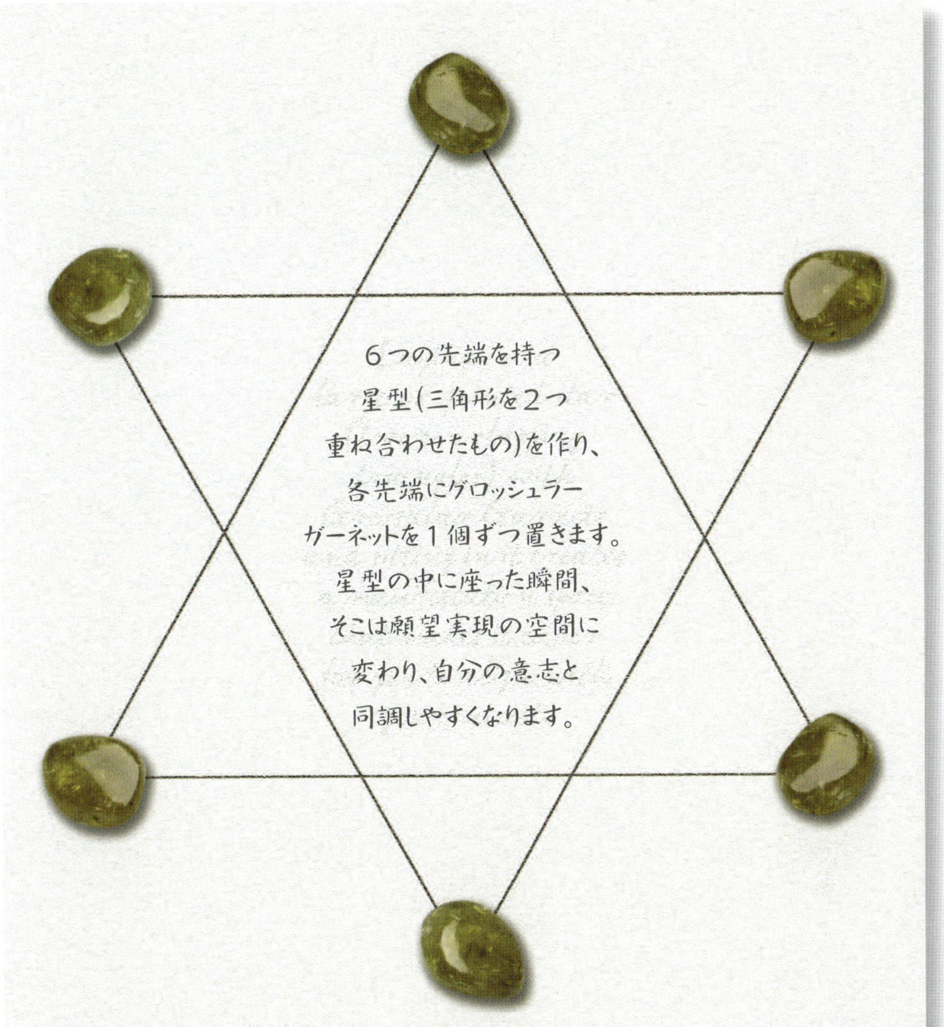

６つの先端を持つ
星型(三角形を２つ
重ね合わせたもの)を作り、
各先端にグロッシュラー
ガーネットを１個ずつ置きます。
星型の中に座った瞬間、
そこは願望実現の空間に
変わり、自分の意志と
同調しやすくなります。

クリスタルの手入れ

クリスタルはお手入れが大切です。クリスタルが最高のパフォーマンスを発揮するには次の３つの要素が大事です。

選択　自分に合った石を選びましょう。共鳴の仕方に個人差があるように、自分の波動に合うクリスタルとそうでないものがあります（願望実現のワークをする際に、予備の石を何個か用意するのはこのためです）。

浄化　手に入れる前からその石が持っていた負の波動をきれいに洗い落としましょう。また入手後に引き寄せた波動も完全に取り除いてください（p.58を参照）。クリスタルのエネルギーを清潔に保ち、ピュアな輝きを大切にするよう心がけましょう。

磁化　自分の意志を明確にしてからクリスタルに願いを託しましょう（下記およびp.60-61を参照）。そうすればクリスタルは望みを引き寄せてくれます。大事なことはクリスタルとのワークを望んでいるのかいないのかをはっきり伝えることです。そうしないとクリスタルのほうもどうしていいのかわからなくなってしまうからです。また、肝心なときに電池切れの状態にならないようにクリスタルにエネルギーをしっかり充電しておきましょう。クリスタルにお願いするときは、とにかく自分の意志を明確に伝えることが肝心です。

ブルーレースアゲート

アベンチュリン

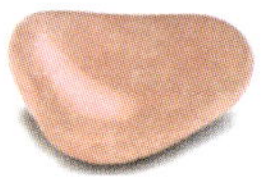

ローズクォーツ

モスアゲート

ブルーカルセドニー

クリスタル
ツール

自分に合ったクリスタルの選び方

自分に合ったクリスタルを選ぶポイントは手に取ったときにワクワクするものを選ぶことです。第４章のクリスタル図鑑を参照してどのクリスタルに魅かれるかチェックしてみてください。ショップでも同じようにやってみるといいでしょう。あなたの役に立ちたいと願っているクリスタルがきっと見つかるはずです。たくさんある中から１個だけ選ぶときはクリスタルがたくさん入った容器の中に手を入れてください。そのとき指にくっつく感じのものがあればそれが自分に合った石です。また、１個ずつ触ってみて感触のいいものを選んでもいいでしょう。どれがいいかよくわからないときは心臓の前にかざして呼吸を整えてください。どんな感じがしますか？　なかなか手放したくないと感じる石があれば、それが今の自分に合った石です。

ステートメントピース――例えば、祭壇や家の吉方位（p.92-93を参照）に飾っておく石――を探す場合も見た目よりも感触を大事にしましょう。完璧な石よりも、表面が欠けていたり、ヒビや傷があるクリスタルのほうが一生懸命働いてくれることもあります。クリスタルの中には「共感の欠け目」（empathy nicks）といって持ち主の心の痛みに共鳴して、それを変質させる欠け目を持つものもあります。

本書のクリスタル図鑑の中からとくに魅かれる石を５つ選んでください。タンブルは扱いやすくてエネルギーを四方八方に均等に放射します。ある特定の方向にエネルギーを注ぐ場合は先が尖った形にカットされたポイントがおすすめです。ジオードは持ち主に豊かさを運んできます。

ジェネレータークォーツ

上の写真：砕けにくいクリスタルは塩を入れたボウルの中に入れておくと負のエネルギーを除去することができます。

クリスタルの浄化

クリスタルを家に持ち帰ったらすぐに洗浄しましょう。持っているクリスタルを全部一箇所に集めたときも洗浄します。ショップで販売している洗浄液を使用すればクリスタルに付着した負の波動をきれいに洗い落とすことができます。このほかに水、塩、玄米で浄化することも可能です。タンブルやポイントは水道水で洗ったり、塩水に漬けておけば簡単に浄化できます。一方、クラスターや脆いクリスタルは取り扱いに注意が必要です。というのは、割れ目から水分が浸透してポイントや層をばらばらにしてしまう危険性があるからです。こうした形状の石はひと晩玄米に浸しておくのが最適です。定期的に洗浄するよう心がけましょう。

エネルギーの充電

ショップで販売している洗浄液の中にはクリスタルにエネルギーを充電する作用を持つものもありますが、ふつうは日光に2、3時間当てておくだけで十分です。ただし、白色のクリスタルは月光に当ててください。

磁　化

クリスタルを浄化してエネルギーを充電したら、次は至高善のために働いてもらえるよう磁化します。クリスタルを1個両手で持ち、心を一つにしてください。そして至高善を目指す自分にいつも寄り添い、豊かな人生を支えてくれるようクリスタルに願いを込めてください。何か具体的に助けを求めるときは、その内容をわかりやすく正確に伝えることが大事です（p.60-61を参照）。

保　管

しまっておくよりも使うほうがクリスタルは喜びます。しかし、持ち主のためならどんなことも厭わないクリスタルでもたまには休ませておくことも必要です。またクリスタルに何を期待するかによって用いる石も変わってくるでしょう。いずれにしても保管する前にかならず洗浄するようにしてください。今とりたててクリスタルにお願いすることがないときは、そのとおり伝えましょう。いつも自分のために働いてくれることに感謝し、引き続き幸せを支援してくれるよう願いを込めてください。使用していないクリスタルは太陽を浴びると喜びますが、色あせすることもありますので注意が必要です。窓の下枠や直射日光が当たる場所に置きっぱなしにしないようにしてください。また、屋外に放置しておくと損傷することがありますので、外で保管する場合は定期的にチェックするようにしましょう（表面がざらざらした石は比較的ダメージを受けにくいようです）。大きめのクリスタルは棚に飾っておくといいでしょう。持ち主がクリスタルの美しさに見とれる姿を見て喜ぶからです。小さめのものは曼荼羅のような紋様の布に包むか、宝地図のような楽しいレイアウトの中に置いておきましょう。

5つのクリスタルは使わないときはポーチに一緒に入れておきます。ポイントがあるものはしっかりくるんでください。ポーチは部屋の吉方位に置いておきましょう（p.92-93を参照）。

クリスタルに意志を託す

クリスタルのエネルギーは強力ですが、人間の持つすばらしい創造力もそれに匹敵するくらい強力です。とくにクリスタルのエネルギーの増幅作用によって創造力は顕著に高まります。創造力は言語、映像、信念などを通じて発揮されます。言語、映像、信念は個人の価値観を象徴するものやクリスタルと相互に作用しあって私たちの世界を再創造します。一方、クリスタルは感情にも働きかけます。意志の力に肯定的な感情が加わることによって創造力はさらに高まります。実際、意志を強く持たないことには何も変わりません。繁栄を手に入れるには、それを身近に感じ、味わい、その匂いを嗅ぐ——。それくらいの強い意志が必要なのです。言い換えれば、全身全霊をかけて繁栄を引き寄せたいという強い意志をクリスタルに託したら、その先はクリスタルに任せておけばいいのです。

意志を明確にする

クリスタルは持ち主が考えていることや感じていることをすべてキャッチします。第1章でクリスタルとのワークを始める前に、自分にとって繁栄とは何なのか、自分は何を求めているのかをみなさんに再確認してもらったのはこのためです。

ですから、これからおこなう儀式やレイアウトに備えてクリスタルを磁化する前に、ここでもう一度自分の意志を確認して、最高の結果を信じていただきたいのです。少しでも疑いや不安を抱いている方はそれを払拭してください。必要であればクリスタルの助けを借りてもかまいません。それができたらクリスタルに意志を託しましょう。

クリスタルに意志を託す

自分の意志が明確になったらそれをしっかり心に描き、実現したときの高揚感に浸る自分の姿を思い浮かべてください。それからクリスタルを両手で持ち、自分の意志と高揚感をすべてクリスタルに注ぎ込むつもりで大きな声で言葉に表します。次に、「どうか私の意志を宇宙に放ち、実現してください」とクリスタルに願いを託します。この一連の動作によってクリスタルは磁化され、望みを磁石のように引きつけます。あとは緊張を解いてクリスタルを適切な場所に戻し、自分の意志は最高の形とタイミングで実現すると信じるだけでいいのです。

クリスタルを儀式やレイアウトに用いるときはまず浄化と磁化をおこなってください。

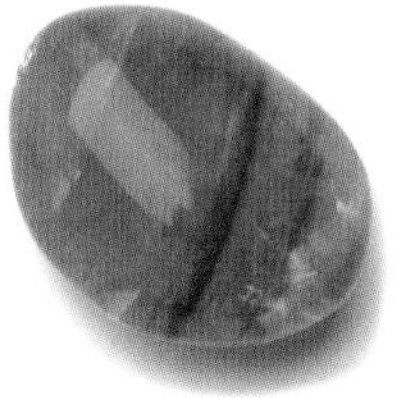

フローライト

繁栄を呼ぶ儀式

幸運のクリスタル

内観により自分の本心を知ることは繁栄を呼ぶ儀式には不可欠です。心の内を覗き込んで本心を知るには少なくとも3日はかかります。内観をおこなうタイミングとしては下弦の月から新月へと欠けていく時期がベストです。この時期、人は内観的になりやすく本心を探るのに好都合だからです。自分にとっての繁栄とは何なのか、知力と感性を総動員して自分の本心を探ってみてください。それができたら儀式に臨みましょう。

ツール　白または銀色のノートとペン。岩塩などの鉱物塩またはハライトの結晶。白い花を数本。ロウソク数本と燭台。布。クォーツ、クリアーエレスチャルクォーツ、ムーンストーン、ホワイトカルサイト、ホワイトジェイド。

右の写真：繁栄を呼ぶ儀式をおこなう場所は入念に準備しましょう。照明を落とした場所や、ロウソクを灯しておこなう儀式では白い花はひときわ目を引きます。

クリスタル
ツール

タイミング　月が次第に欠けていく3日間を利用して自分にとっての繁栄とは何かを考えてみてください。新月にこの儀式をおこなうと繁栄の種を蒔くことになり、満月におこなうと念願が成就するといわれています。

準備　第1章で取り上げた質問に対する自分の答えに目を通し、その答えをもとに自分にとっての繁栄とは何かを考えてください。新たに得た洞察があればそれも参考にしましょう。最初は頭に浮かんだことをそのまま書き出してください。繁栄についての個人的な意見や信念を思いつくままノートに書き出します。ただし、自分が書いたものを検閲したり、それについて独り善がりの判断をしないように。思いついたことをそのまま書いてください。

もう全部出尽くしたと思ったらノートに書いたことをそのまま受け入れる気持で読み返します。ただし、そこに書かれた意見や信念をもとに自分を批判したりしてはいけません。それらは単なる考え方や信念です。それ以上でもそれ以下でもありません。あなたという人間は知力が実行する単なるプログラムではないのです。いつも自分に優しく接してください。

右の写真：思いついたことを手当たり次第ノートにメモしましょう。

今度は書き出したことを下記の要領で要約してみましょう。

繁栄とは……だと思います。
私にとって繁栄とは……を意味します。
繁栄を引き寄せるために私がやるべきことは……です。
私がまだ繁栄を実感できないのは……だからです。
私はすでに繁栄を享受しています。なぜかというと……。
まわりのみんなは繁栄しているのに、
自分だけ繁栄していないと感じるのは……だからです。

ほかにも適当な書き出しがあれば追加してください。

さて、この作業が終わったら今度は大きく息を吸い込んで、胸の辺りに意識を集中し、心臓がだんだん大きくなっていく様子をイメージしてください。次に、自我を超越した真我とつながっている自分の姿を思い浮かべましょう。そこは心の奥底から沸きあがる純粋な愛に満ちた、現実生活で経験する様々な悩みやストレスとは無縁の境地です。真我に立ち返ったら、先ほど作成したリストにもう一度目を通してください。そこに書いてあることは自分の本心だと断言できるでしょうか？　さらに今度は、

クリスタル
ツール

繁栄に関する自分の考え方はどこから来たのか自問してみましょう。その多くは子どもの頃あるいは十代後半に、潜在意識にインプットされたものであることに気がつくはずです。もちろん両親やまわりの大人たちの影響です。もしその中にもはや真実でないものがあれば、それを消して今の自分にとっての真実を書いてください。書いたものは一晩寝かせてから読み返しましょう。読み返したときに「これが今の自分にとっての真実だろうか？」ともう一度自問してください。もし答えがイエスならそれを新しいページに清書しましょう。もしノーなら、自分にとっての真実をその場で書いてください。それが終わったら書き出した文を次のような一文に要約しましょう。

私にとって真の繁栄とは……。

この一文をメモ用紙に書きとめておいてください。そうすれば儀式のときいつでも声に出して読むことができます。

儀　式

幸運のクリスタル

❊準備は入念におこないましょう。お天気が良くて暖かく、近くに適当な海、湖、川などがあればクリスタルと一緒に入るのもいいでしょう。こうした環境にない場合は、お風呂に入るときに一握りの鉱物塩を浴槽に入れてください。もしくは塩かハライトの結晶の入った小さな袋をシャワーのノズルの下に取り付けてシャワーを浴びてください。

❊次にクリスタルを磁化します。真の繁栄を引き寄せ、自身の内側に繁栄を見いだしたいという願いをクリスタルに込めます。

❊自分の周囲にロウソクを何本か立て、一本ずつ火を灯すたびに大きな声で言ってください。「私は自分の中にある真の繁栄の炎に火を灯し、人生に繁栄を引き寄せます」

❊「私にとって真の繁栄とは……」と書かれたメモ用紙を手にしてください。そこに書かれていることを声に出して読み上げましょう。読み終わったらそれをロウソクで囲まれた円のまん中あたりに置いてください。

❊用意した数本の白い花をメモ用紙の周囲に置きます。そして「自然のパワーと私が一体になり真の繁栄に浴することができますように」と声に出して言ってください。

ホワイトカルセドニー

スノークォーツ

クリスタル
ツール

❊最後に、メモ用紙の周囲に白いクリスタルを何個か置きます。大きめのクリスタルがあればまん中近くに置きましょう。ロウソクの火を消すときに「今から私は人生に繁栄を呼び寄せます」と大きな声で宣言してください。

❊クリスタルは2週間置いたままにしておきます。しおれた花は肥料にしましょう。「この花が肥沃な土壌を作り、そこから私の繁栄が育ちますように」と花に向って語りかけてください。

❊この儀式をおこなって以降、どんな形であれ以前よりも豊かさを実感したときはそのたびにメモしておきましょう。働いてくれたクリスタルへの感謝も忘れずに。

❊2週間経ったらクリスタルに感謝してから輪を解体してください。使用したクリスタルはどこか自然が豊かな場所に埋めます。メモ用紙はノートにはさんでおきましょう。

❊結果に執着せず流れに任せていれば、ますます繁栄していきます。

クォーツ

ムーンストーン

心の裕福さを手に入れる儀式

幸運の
クリスタル

トパーズ

ジェイド

マラカイト

真の豊かさはお金のある無しとは関係ありません。私たちの心を真に豊かにしてくれるのは、自覚している資質と自覚していなくても周囲が認める資質の２つです。ところが、私たちは自分の資質に気づいていないことが多いため、結局他人の中にしか見いだせないことがよくあります。あるいは相当考えた末にようやく気づくこともあります。例えば、親友はかけがえのない財産ですが、親友に恵まれること自体すぐれた資質であることに最初は気づかないものです。これから紹介する儀式は自分の隠れた資質を発見するのに大いに役立ちます。

ツール　ノートとペン。ジェイド、トパーズもしくは内観を促す繁栄のクリスタル。１本のロウソクと燭台。

タイミング　闇夜——新月の前の3日間。

準備　静かに内観できる時間を確保してください。2日間に分けてもいいですし、新月の前日に午前、午後、夕刻と3回にわけておこなってもかまいません。準備を2日間に分けても1日で済ませても、その間に新しい洞察が得られるチャンスはあります。ノートにあらかじめ余白を設けておきましょう。儀式を終えた後にさらに新しい洞察を得た場合は、それも自分の資質としてノートに書きとめておくことをおすすめします。

あの人のどんなところに魅かれるのか？

尊敬する人物10人の名前を書き出した一覧表（p.27を参照）をもう一度参照し、名前をノートに書いてください。氏名の間には十分な余白をとってください。

- その人物のどんな才能や性格に魅かれるのかを氏名の横に書きましょう。
- 具体的に彼らはあなたの人生にどのように貢献していますか？　それも書いてください。
- 「あの人のこんなところが素敵だ。自分もああなりたい」と思ったことはありませんか？　そこで質問です。
- 尊敬する人物の中で何か共通している資質はありますか？　もしあれば「私が身につけたい資質」というタイトルを設けて、その下に思い浮かんだことを書いてください。
- 私たちは自分が考えている以上に他人の人生に貢献しているものです。そこで次の質問です。
- もし尊敬する人物10人のリストの中に個人的な知り合いがいれば、その人に尋ねてみてください。「私はあなたの人生に何か貢献していますか？」
- 質問した相手が答えてくれたあなたの資質はすでに自分に備わっていると思いますか？

そして最後の質問です。

- 自分の資質ベスト20を挙げてください。
- 今度は友人にお願いしてその人から見たあなたの資質ベスト20を挙げてもらってください。

両方を比べてどんなことがわかりますか？

ここで挙がった資質は自分に備わっていると思いますか？

幸運のクリスタル

私は自分の能力や適性をちゃんと理解しているだろうか？

私は自分の本当の価値がわかっているだろうか？

私には親友と呼べる人がいるだろうか？

友達の輪を広げる方法はあるだろうか？

お互いに尊敬し、助け合える友人は何人くらいいるだろう？

私の友人関係は、どちらかが相手に一方的に尽くす関係ではないだろうか？

私の友人関係は、相手が私に一方的に尽くす関係だろうか？
それとも逆だろうか？
（前者の場合、あなたは友人関係を見直す必要があります）

いつも私に何かを要求してくる古くからの友人。
友達付き合いはやめて、新しい友人を見つけるべきだろうか？

一緒にいると充実した時間をすごせる友人とはどんなタイプだろう？

クリスタル
ツール

私は自分の人生を豊かにするための時間をとっているだろうか？

もしそうでないなら、これから時間を作ることは可能だろうか？

例えば、瞑想するなど、霊性を高めるために何か実践して
いるだろうか？

どうすれば人の役に立てるだろうか？

その気になればボランティア活動に参加できるだろうか？

自分の人生を豊かにするために何か行動を起こすとしたら、
どんなことができるだろう？

現在、何か創造的な活動に携わっているだろうか？

子どもの頃や10代後半に何か創造的な活動に携わっていただろうか？

やりたいけどまだ実行できていないことはあるだろうか？
もしあるとしたら、実行に移せない理由は何だろう？

何かやってみたいことはあるだろうか？

儀　式

幸運の
クリスタル

❊ BGMをかけるとリラックスできる方は、内観に導くようなゆっくりとしたテンポの曲を選びましょう。部屋の照明を落としてください。

❊ 誰にも邪魔されない場所を選んでゆったりと座ります。ロウソクに火を灯して目の前に置きましょう。まず、これまでノートに書きとめたことを読み返してください。それから別のメモ用紙を用意し、自分が憧れる資質、自分や知人に備わっていると思う資質を書き出して一覧表を作成してください。

❊ ジェイドを手に取って呼吸を整え、リラックスしてください。数分間、ジェイドを見つめます。ジェイドが放つ静かな自信、強さ、平穏を肌で感じましょう。こうした特性が自分の手から腕を通って心臓に伝わっていく様子をイメージしてください。

❊ さあ、ここからが本番です。先ほどのメモ用紙を手に取り、そこに書かれている最初の資質に目をやってください。その資質を自分のものにすることができますか？　答えがイエスなら、心臓の辺りにジェイドを当てて声に出して言いましょう。「私には……という資質が備わっています。私はそれを誇りに思います」。該当する項目にチェックをして次へ進みましょう。

❊ もし答えがノーなら次のようにアファメーションしてください。「私は…です／私には…が身についています」「私には…という資質が備わっています」「…は私の資質の一つです」「私は自分の…を誇りに思います」「私は自分が…であることに感謝しています」「私は自分が…であることを世間に知らしめる準備ができています」

ジェイド

❊ 例えば、次のように言うといいでしょう。私は誠実です。私には誠実さという資質が備わっています。誠実さは私の資質の一つです。私は自分の誠実さを誇りに思います。私は自分が誠実であることに感謝しています。私は自分が誠実であることを世間に知らしめる準備ができています。

❊ 自信を持って全部言えるようになったら心臓の辺りにジェイドを当ててそれぞれの項目にチェックをして先へ進みましょう。

❊ 一覧表にある資質は一つ残らずアファメーションを繰り返してください。もし自分にはちょっと無理だと思うものがあれば、静かに座って「私は……です」と自分の言葉に確信が持てるまで何度も繰り返してください。例えばこんな感じで。「私は誠実です、私は誠実です、私は誠実です、私は誠実です……」

❊ すべての項目について大きな声でアファメーションを繰り返します。心臓の辺りにジェイドを当て、該当項目にチェックを入れていきます。

❊ 全部チェックし終わったら、少し時間を取って一覧表にした資質について考えてみましょう。そこに書かれたすぐれた資質はすでにあなたの中にあります。心の底から豊かさを感じさせてくれる資質の宝庫です。

❊ 儀式を終える用意ができたら、「私はこのような資質に恵まれたことを神に感謝しています。これから私の資質を世間に知らしめます」と言ってからロウソクの火を消してください。

❊ 一覧表は目につきやすい場所に置き、ジェイドは枕の下に置きます。

❊ これからは持てる資質を最大限に発揮し、きらりと光る才能を世間に知らしめましょう。

❊ 隠れた資質を一つ残らず発見し日々の生活で発揮できるようになるまで、週１回この儀式を繰り返してください。

豊かさを呼ぶレイアウト

幸運の
クリスタル

豊かさを実感するには精神、肉体、情緒、霊性のすべての面において充実していることが必要です。豊かさを引き寄せるには、精神的、情緒的に安定していることに加え、豊かな宇宙に暮らす私たちに与えられた新たな可能性に心を開くことが大切です。ここで紹介する儀式の目的は、あなたを霊的な豊かさに結びつけ、豊かな人生が送れるよう支援することにあります。第1章のワークでは真の豊かさとは何か、それはどのように人生を豊かにしてくれるのかを探りましたが、これからおこなう儀式はそれをさらに発展させたものです（第1章を参照）。

ツール　繁栄を引き寄せるクリスタルを5個用意してください。事前に磁化と洗浄を済ませておきます。（タイガーズアイ、カーネリアン、シトリン、ジェイド、ゴールドストーン、または自分で選んだ石）。明るい色の布。豊かさを引き寄せる宝地図（p.96-97を参照）、もしくはp.75に掲載されている雛形と1mの紐。

タイミング　このレイアウトは満月に最大の効果を発揮します。

準備　第1章の質問に対する自分の答えを読み返してください。次に、宝地図を用意します（p.96を参照）。宝地図には自分を豊かにしてくれると思うものをすべて入れましょう。経済的な豊かさに限る必要はありません。準備ができたら布を広げてまん中に宝地図もしくは右ページにある雛形を置きます。このレイアウトにはあなたの人生を真に豊かにする力があると強く信じてください。

豊かさを呼ぶラセン

ゴールドストーン
このエクササイズの目的は、
あなたを霊的な豊かさに結びつけ、
豊かな人生を支援することにあります。
ここに紹介したクリスタル以外にも
自分で選んだ石を使用してもけっこうです。
シトリン
タイガーズアイ
カーネリアン
ジェイド

レイアウト

幸運の
クリスタル

❊ まずこのレイアウトを置く場所を決めましょう。宝地図を置いたままにしておける場所、できれば家の吉方位（p.92-93を参照）が理想的です。

❊ 宝地図もしくは雛形を明るい色の布の上に置きます。宝地図のまん中を起点に、紐をラセン状に配置します。宝地図を作る時間がなければp.75の雛形をそのまま使ってもけっこうです。

❊ 5つのクリスタルを両手で持って静かに座り、豊かさや真の繁栄について今まで学んだことを思い出してください。次に、自分の体が大きくなって宇宙にどんどん近づいていく姿をイメージしてください。向かう先にある豊かな宇宙はいつもあなたの幸せを願っています。そして両手で握ったクリスタルを通して宇宙とつながっていく自分の姿を想像してください。笑みを浮かべて心の扉を開き、宇宙の豊かさを全身で受け止めましょう――このときクリスタルは心臓の近くに当ててください。

❊ 今度は笑みをお腹の底にある創造力の中心へ下ろしていきます。手とクリスタルは膝の上に置きます。

❊ 片手で5つのクリスタルを持ち、もう一方の手でクリスタルを順番に置いていきます。

クリスタル
ツール

❊ まずラセンの中央にタイガーズアイを置きます。このとき身近な豊かさに意識を向けてください。例えば、今こうして立っていられるのも大地がしっかり支えてくれているからです。そういった安心感や大地の包容力に意識を向けるのです。もし経済的な不安が頭をよぎったとしても心配はいりません。クリスタルが不安を取り除いてくれます。クリスタルの力強さと包容力に身を委ね、心配事は預けてしまいましょう。ただひたすらクリスタルの豊かなエネルギーに浸ってください。

❊ 次に、クリスタルを持った手をちょうどお臍の下に持っていきます。それからカーネリアンをもう一方の手で握ってください。しばらくするとカーネリアンが光輝くエネルギーを放射し始めます。それを感じ取ったらエネルギーを体いっぱいに吸収しましょう。これによって体内にある、豊かさを「引き寄せる力」にスイッチが入ります。カーネリアンをラセンの上に置き、人生をもっと豊かにしたいと心から望んでください。そして、豊かな人生という宇宙からの贈り物を受け取るために心の扉を開きましょう。

❊ クリスタルを持った手を太陽神経叢に持っていきます。もう片方の手でシトリンを持ち、その豊かなエネルギーを感じ取ってください。シトリンの働きによって太陽神経叢が喜びの渦に包まれているのがわかりますか？　シトリンをラセンの上に置き、人生を通じて親友、家族、周囲の温かい心遣いによって育まれてきたあなたの豊かな感情に意識を向けてください。親友をはじめ、人生での様々な出会いがあなたの豊かな感情を支えてくれているのです。親友、豊かな感情、自分を見守ってくれる寛大な心に感謝しましょう。

幸運のクリスタル

❊ 今度はクリスタルを持った手を心臓の上に持っていきます。もう片方の手でジェイドをラセンの上に置きます。不安や自己憐憫があればジェイドがすべて吸い取って前向きな気持に転換し、その前向きな気持をつつしんで、感謝して受け入れることができるよう手助けしてくれます。気持が前向きになったらジェイドに願いを託しましょう。「自分の資質を発見しそれを思う存分発揮することで、人生に限りない豊かさを引き寄せたいと思います。この願いを叶えるために力を貸してください」

❊ 最後にゴールドストーンを手に持って頭上にかざしましょう。ゴールドストーンの変性エネルギーが体の芯を伝って自己の本質へと流れ込んでいきます。そのエネルギーはあなたを霊的な豊かさに満ちた境地へと誘います。ラセンの最後に置きながら、霊的な豊かさがこの世界と輝く未来にあまねく行渡るよう願いを込めましょう。ゴールドストーンのきらめきはあなたの豊かな未来を照らしています。あなた

タイガーズアイ

カーネリアン

が霊的な豊かさに満ちた境地へたどり着き、豊かさを収穫して人生に取り入れるのを待っているのです。次に、豊かさを呼ぶラセンを支えている宝地図に注目しましょう。ラセンが旋回し、今この瞬間あらゆる豊かさを人生に運んでくるところを想像してください。これからの人生がどれだけ豊かになるかを想像するだけで楽しくなるはずです！

❊ ラセンを見つめているうちに、意識が創造的根源を離れ、体の外側や上方に向ってどこまでも広がっていくのを感じてください。その先に見えるのはますます豊かな人生を享受し、その豊かさを周囲の人々と惜しみなく分かち合うあなたの姿です。

❊ 力になってくれたクリスタルに感謝し、効果を持続させるためにラセンはそのままにしておきましょう。片付ける必要がある場合はクリスタルを目のつきやすい場所に置いてください。

下の写真：下に並んだクリスタルには活力と英知が備わっています。豊かさ、繁栄、成功、積極性を実現させて引き寄せる方法を教えてくれます。

シトリン

ジェイド

ゴールドストーン

お金を生むグリッド

幸運の
クリスタル

高いポテンシー（エネルギーレベル）と信念があればお金を手にすることができます。さらに、いくつかの条件がそろえば誰でも簡単にお金を手にすることができます。逆にお金にまったく縁がないという人は考え方に問題があるようです。そこでまず取り上げるのがお金に関する有害な思考を排除するワークです。このワークにより、宇宙の恵みによって必要なお金は手元に入ってくる——必ずしも朝から晩まであくせく働く必要はない——と思えるようになります。次に、クリスタルを用いて自宅や仕事場にグリッドを作る方法を解説します。誰にも邪魔されない場所を選び、クリスタルを定期的に浄化するのがポイントです。

ツール　アベンチュリン、ターコイズ、そのほかの適切な石（原石の塊またはタンブルでもけっこうです）。宝くじ（オプション）。このグリッドは中国の風水にならって作りますので、家庭円満、商売繁盛、学業での成功などに関係する石を用いてもいいでしょう（p.92-93を参照）。

タイミング　ターコイズを用いる場合は新月に並べてください。それ以外の石は新月と満月の間に置きます。

準備　お金にまつわる過去の記憶をたどってみてください。例えば、子どもの頃によく聞かされたこと、自分の国や文化に特有の考え方、お金に対する罪悪感など……。何か思い出しましたか？　先へ進む前に右ページの項目に目を通してください。今まで自分が口にしたり、誰かに言われたことはありますか？

ターコイズ

クリスタル
ツール

- お金を稼ぐためには必死に働かなくてはならない。
- いくら稼いでもまだ足りない。
- そんなつまらない仕事は私たちにはふさわしくない。誰かほかの人にやらせておけばいい。
- お金は諸悪の根源。
- 私の生活の面倒は国がみるべきだ。
- いつまでたっても借金苦から逃れられない。
- 私なんかにはとても無理。
- どうも感心しないね。
- 貧困は美徳なり。
- 私は頭が良くない。
- たしかにそれは私の夢だけど……。お金にならないのでやっぱり実行に移せない。
- 夢中になるものがあってもそれを仕事にできるわけじゃないし……。
- もっと地に足をつけなさい。
- 希望する職業にふさわしいしゃべり方や服装ができない。
- 良い仕事に就けないのは良い学校に行かなかったから。
- お金がないと幸せになれない。

必要があれば次のページのエクササイズをおこなって心の青写真を修正しましょう。それが済んだらいよいよグリッドの作成に取りかかります。

エクササイズ

幸運の
クリスタル

心の青写真を変える

❊ p.22-25とp.68-73に戻ってください。ここでもう一度、心の青写真に焼きついた有害な思考について考えてみましょう。子どもの頃、文化的な中核的信念によって記憶に刻まれたものです。これを排除するには次のような方法があります。まず、クリスタルを片手に持ち、目を閉じて心の中に潜む否定的な考えを一つひとつ思い浮かべてください。

❊ 今度はそれとは正反対の肯定的な考えを意識的に思い浮かべてください。頭に浮かんだら、クリスタルを右ページの曼荼羅の上に置きながら、大きな声でアファメーションします。このプロセスを繰り返すことで新しい心の青写真ができあがります。豊かさと繁栄を引き寄せ、人生に幸運を招く青写真です。

❊ それが終わったら目を開けて、肯定的な考えがいくつ思い浮かんだが数えてみましょう。クリスタルを並べた曼荼羅は家の吉方位（p.92-93を参照）に置いておくと効果的です。それを見るたびに自分がいかに豊かな人生を送っているかに気づくでしょう。

❊ この曼荼羅があると日々瞑想に集中することができます。まず、曼荼羅をじっと見つめてください。曼荼羅の上に置かれたクリスタルを眺めているうちにだんだん焦点がぼやけ、呼吸が穏やかになってきます。このとき大事なのは、自分から何かを起こそうとせず、ありのままの自分でいることです。これを1週間繰り返せば、ものの見方や感じ方が変わってきます。

タイガーズアイ

この曼荼羅をそのまま雛形として使用してもけっこうです。
21個までクリスタルを置くことができます。

お金を生むグリッド

家の吉方位（p.92-93を参照）にグリッドを作ってもいいですし、p.154の大きな雛形にクリスタルを置いてもけっこうです。その際、グリッドの左上隅が家の吉方位を向くようにしてください。また同じ要領で家全体にグリッドすることもできます。宝くじがあればグリッドの中心に置いてください。

❊ 自分の意志を確認してからAの場所に最初の石を置きます。そして大きな声で「私はこれからお金を儲けます」と言ってください。

❊ 次にBに2つ目の石を置いて、「お金がどんどん貯まっていきます」と言ってください。以下、同じ要領で繰り返します。

❊ Cに3つ目の石を置いて「お金が際限なく貯まっていきます」

❊ Dに4つ目の石を置いて「予期せぬところからお金が入ってきます」

❊ Eに5つ目の石を置いて「お金が流れ込んできます」

❊ Fに6つ目の石を置いて「お金が刻々と増えていきます」

❊ Gに7つ目の石を置いて「お金は貯まるいっぽうです」

❊ Hに8つ目の石を置いて「あらゆるところから色んなかたちでお金が舞い込んできます」

クリスタル
ツール

❊ 次にグリッドのまん中に札束の山がどんどん積みあがり、しまいには外に溢れ出そうになっている様子をイメージしてください。お金がどんどん貯まっていくのを見て、豊かさを実感している自分の姿を想像しましょう。

❊ 豊かさに「ありがとう」と感謝の気持を伝えましょう。

❊ それが終わったらグリッドから意識と感情を遠ざけてください。

❊ 効果を持続させるためグリッドはそのままにしておきます。

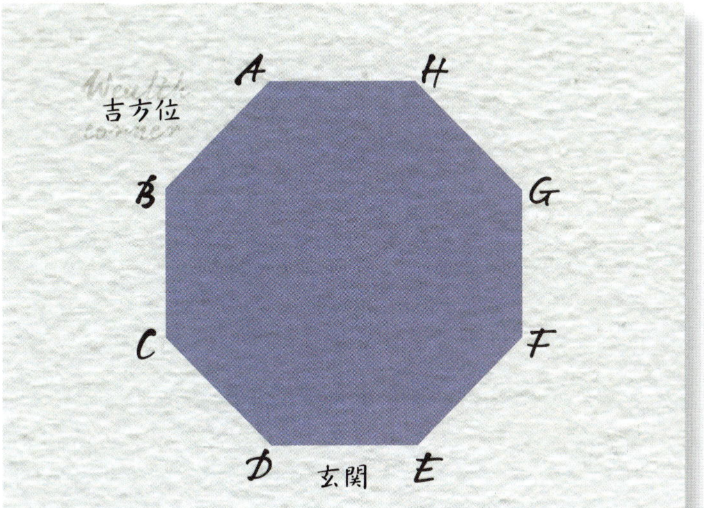

右の図：お金を生むグリッドの縮約版は本書のp.154に掲載しています。アファメーションをするときはクリスタルに意識を集中してください。

理想の仕事を見つける儀式

幸運の
クリスタル

誰にでも自分にピッタリ合った仕事があるものです。これからおこなう儀式ではこれまでのワークをさらに発展させ、自分は本当に何をしたいのかを突き詰めていきます。この儀式は理想の職業を見つけるのにも学生アルバイトの仕事を見つけるのにも役立ちます。どちらにせよ、やりがいのある、自分の成長の糧になるような仕事が望ましいことに変わりはないのですから。

タイガーズアイの
タンブル

ツール　小さな金色のノートとペン。金色の布。ゴールデンタイガーズアイのタンブル6個。金色のロウソク1本と燭台。マッチ。

注意点　色が気に入った方はレッドタイガーズアイのタンブルを使ってもけっこうです。その場合はノート、布、ロウソクの色は濃い赤色かピンクのものを使用してください。

タイミング　この儀式は新月の日に行うと効果的ですが、準備が整ったらいつおこなってもけっこうです。期待した効果はちゃんと得られます。新月に至るまでの数日間を準備期間とし、毎日寝る前に1つずつ答えを考えてもいいですし、1日で全部終えてしまってもかまいません。ただし、質問に対する答えは少なくとも一晩置いてから翌日にもう一度見直すようにしてください。そうすることで儀式を終えるまでに斬新な洞察が得られるはずです。

クリスタル
ツール

準備　電話の電源を切って、部屋のドアに「ノックしないでください」と張り紙をしておきましょう。準備と本番を1日でやってしまうにせよ、何日かに分けて行うにせよ時間にゆとりを持って臨んでください。

- 音楽をかけると落ち着く方は、適当なBGMを流してください。音楽をかけない場合は黙って準備を進めましょう。
- 静かに座って、自身の内面に意識を向けましょう。周囲の雑音を追い払ってください。
- この儀式の目的はやりがいのある新しい仕事を見つけることであることを再確認し、望みはかならず叶うと自分に言い聞かせてください。
- ゆっくりと息を吸って吐き、呼吸に意識を集中します。緊張していると感じたら、息を吐くときに緊張感も一緒に体の外に出してしまいましょう。息を吸うときに緊張が解けて、穏やかな氣が体じゅうの細胞に行渡るのを感じてください。
- 準備が整ったら、ペンとノートを取り出して仕事に期待していることを書き出してください。できるだけ具体的に、正確に書いてください。ただし、心に浮かんだことを検閲してはいけません。あらゆる可能性と矛盾を受け入れることが大切です――仕事が自分に合わなければいつでもやり直しはききます。
- 具体的に希望する年収があれば書いてください。ただし、制限は設けないように。例えば、「年収……以上」などと書いておけば、それ以上の年収を手にする可能性が高まります。

レッドタイガーズアイ

- 勤務地に関して希望があればそれも書いておきましょう。あるいは、自分に適した勤務地が見つかりますように、と書いてもけっこうです。
- 将来就きたい役職やポストがあれば具体的に書いてください。仕事の満足度が一番大事であればそのように書きましょう。
- 今探している仕事は当面の生活費を稼ぐための一時的な仕事であったり、あくまでも将来理想の仕事に就くためのステップと考えている場合もあるでしょう。もちろんそれでもけっこうです。自分が望んでいることをそのまま素直に書いてください。ただし「当分の間」とするか、「……までにこの仕事を辞めてもっと良い仕事に就く」（空欄には具体的な期日を記入）というふうに期限を設定することを忘れないでください。
- 最初のページは空白にして、次のページから書き出してください。

余白は十分にとりましょう。
自信を持ってのびのびと書いてください。

- 自分が希望する仕事に必要なスキルや経験のうち、すでに持っているものをリストアップしましょう。
- 次に、自分の目標について考えてみてください。ノートに達成時期、目指す目的、期待する結果について具体的に書いてください。最後に「最低これくらい。できればもっと良い結果を望む」と忘れずに書き加えましょう。

- ほかの選択肢についても水平思考をしてみましょう。自分のスキルを活かせる分野はほかにもありますか？　今から新しいスキルを身につける自信はありますか？　これまでずっと興味はあったけどチャレンジできなかった仕事はありますか？　思いつくままに全部書き出しましょう!
- さあここで、今まで書き出した項目をひととおり眺めて自分の望みと矛盾している点はないかチェックしてみてください。自分が望んだとおりの結果になった場合、自分の崇高な理念・理想と矛盾しないかどうか自問してみてください。もし矛盾点が見つかったらどうしますか？　理想よりも現実を優先させ、矛盾点はしばらく封印しておきますか？　逆に、どうしてもやりたくない仕事はありますか？　もしあれば、それも書き出しましょう。どこまでが許容範囲内なのかをはっきりさせておくことが大事です。
- 書き終わったらノートを枕の下に置いてください。眠っている間に何か新しい洞察が得られたら、朝、目が覚めたときに忘れずに書きとめておくようにしましょう。夢を見た場合はどんな夢だったかよく覚えておいてください。儀式に関係する夢かどうかそのときはわからなくても、とりあえずメモしておきましょう。

儀式本番

幸運のクリスタル

❊ お風呂に入るかシャワーを浴びて清潔な服に着替え、部屋の照明を落としてください。BGMを流してもいいですし、沈黙のうちにおこなってもけっこうです。

❊ まず、ノートを取り出して最初から最後まで丁寧に目を通します。

❊ 次に、新しい仕事に最も期待することを1文に要約し、ノートの最初のページに書いてください。「私の新しい仕事は……です」（いつでも大きな声に出して読めるように別の紙切れに書いてもいいでしょう）。

❊ 用意した布をテーブルの上に広げます。まん中にノートを置き、その上にロウソクを立ててください。タイガーズアイをロウソクの周囲に6個、ダビデの星型に並べます。あせらずにゆっくり並べてください。ダビデの星というのは三角形を2つ重ねた形で、上の先端（ポイント）はあなたの意志を宇宙に解き放ち、下の先端はそれを引き寄せて現実化させる働きがあります。並べながら声に出して言いましょう。「私はこの石を置くことで新しい仕事にめぐり合うことができます」

❊ ロウソクに火を灯して、炎を見つめてください。

❊ 「新しい仕事はすでに決まっています。私はもうすぐその仕事を始めます」と大きな声でアファメーションしてください。

❊ 新しい仕事を呼び寄せましょう。仕事に期待することを要約した1文をできるだけ感情を込めて声に出して読んでください。「私の新しい仕事は……です」。そして「私はもうすぐその仕事を始めます」と言って締めくくります。

タイガーズアイ

クリスタル
ツール

❊片方の手を心臓に当てて新しい仕事に就いた自分の姿を想像してください。そこに見えるのは充実感を味わいながら、嬉々として仕事に励む姿です。輝かしい未来を感じながら仕事をしている自分を思い浮かべたら、その未来を今この瞬間にグイと引き寄せましょう。できるだけ感情を込めて情景を思い浮かべてください。

❊それができたら、ロウソクの火を吹き消します。その瞬間、願いは煙に乗って宇宙に運ばれていきます。願いを聞き入れてくれた宇宙に感謝しましょう。願いはかならず目に見える形で実現します。あとは手放すことが大事です。

❊ノートは数日間、6個の石に囲まれたままにしておきます。毎朝、ロウソクに火を灯し、期待に胸膨らませながら新しい仕事をしている自分をイメージしましょう。あなたの願いに耳を傾けてくれた宇宙に感謝することも忘れずに。最後にロウソクの火を吹き消して、願いは最高の形で実現すると信じてください。

❊ロウソクの火を消したらダビデの星のことは忘れましょう。ただし、これから訪れるチャンスを見逃さないよう常に注意を払っておいてください。

ダビデの星

吉方位

古代中国発祥の風水には吉方位という概念があります。風水とは家の中の氣の流れを整える方法です。理気風水をはじめ風水には様々な体系がありますが、吉方位の場所は玄関を起点にして考えるのが一番簡単です。すなわち、玄関あるいは部屋の入口から見て左上隅が吉方位にあたります。

風水では玄関まわりがビジネスでの成功に関係する場所です。また、玄関から見て一番奥が立身出世、玄関のすぐ左手が学業での成功に関係する場所です。学業に関係する場所と左上隅の吉方位にはさまれたところが、円満な家庭生活に関係する場所です。また、玄関を入ってすぐ右側の場所は貿易や助言者に関する場所で、そこから奥に進むと子どもの健やかな成長にかかわる場所があり、さらに奥に進んだところが人間関係に関連する場所です（左側の図を参照）。願いを込めた大きめのクリスタルをそれぞれの場所に置くと、成功を増やしたり引き寄せることができるといわれています。

玄関

貿易と助言者	ビジネスでの成功	学業での成功
子どもの健やかな成長		家族
人間関係	立身出世	吉方位

クリスタル
ツール

吉方位

吉方位に置くにはシトリンが最適です。もし吉方位にあたる場所に──まるで水洗トイレに流すみたいに──お金が右から左へ出て行くような特別な事情がある場合は、シトリンのジオードを置いておけばお金が貯まるようになります。家の中にお金を湯水のように使う原因が見当たらなければ、ジェネレーターかクラスターを置くことで招財効果が期待できます。

ジェネレータークォーツ

風水を代表する石

風水を代表する石といえば6色の玉虫色に輝くアンモライトです。限りない繁栄を創造して維持し、広めるといわれます。色によって引き寄せる繁栄の種類が異なるので、繁栄を引き寄せたい分野に関係する色を選ぶことが大事です。

赤：エネルギーと成長
オレンジ：精力増強と創造性の活性化
緑：起業と英知
黄：財運と知性の向上
青：平和と健康
紫：霊的な幸福と進化

アンモライト

新たな試みに神の恵みを求める

幸運のクリスタル

古代人は何か新しいことを始めるとき、幸運を祈って神の恵みを求めました。そのとき彼らが用いたのがクリスタルです。その証拠に様々な願い事が刻まれたクリスタルが現存しています。一方、現代人は自分の波動と共鳴する聖なる存在や宇宙に恵みを求めることができるのです。

何か新しいことを始めるときはクリスタルの形をうまく利用するといいでしょう。種のような形をした卵は機が熟したら孵化し、生命がやがて大きく成長することから、卵型は未知なる可能性を示唆しています。一方、球体は完全性の象徴です。限りない可能性が眼前に広がり、どれも実現可能であることを意味します。ポイントはその向きによってエネルギーを引き寄せたり、逆に宇宙に放つ力を秘めています。

ツール　アイアンパイライト、ムーンストーン、ホワイトカルサイト。もしくは新たな始まりを象徴する石。卵型または球体のクリスタルが理想的です。

天使　新たな始まりを司《つかさど》る天使：アリエル、ガザーディエル。成功を司る天使：ペルペティエル、バラキエル、アナウエル。豊饒を司る天使：バルベーロー。

タイミング　新しいことを始めるタイミングは新月か新月から満月に至る期間がベストです。逆に月が欠けていく期間や闇夜は避けましょう。占星術でいうと、木星の12年周期が始まる年に事を始めるとうまくいきます。

ホワイトカルサイト

ムーンストーン

アイアンパイライト

準備　神の恵みを求める前に内観の時間をとってください。これから始めようとしていることが自分の理念・理想に沿ったものであることを確認するためです。そして、これからやろうとしていることを心の中で明確にイメージしてください。もしお金儲けが目的で、目標とする額も決まっている場合はそれを明確にクリスタルに伝え、最後に「……もしくはそれ以上の額」と付け加えてください。お金儲けではなく、人助けが目的ならそれを目標にしてください。クリスタルを浄化してから成功を祈って磁化します。それでは神の恵みを求める儀式に入りましょう。
神の恵み　両手でクリスタルを持ちます。次に、あなたが選んだ天使、神、宇宙がもたらす恵みを呼び寄せ、それをクリスタルの中に閉じ込めましょう。例えば、次のように言うといいでしょう。

「偉大な大天使アリエルの守護の下、新たな試みが成功しこの先もずっと豊かな人生が送れるようお導きください。この新たな試みに関係しているすべての者がどうか幸せになりますように。そしてこのクリスタルが大天使アリエルの恵みと同調することで、すべての者に恵みが注がれるよう心から祈ります。大天使アリエルのご加護に感謝します」

これが終わったら、クリスタルを自宅または仕事場の中の、自分が成功を望んでいる分野（例えばビジネス、学業、子どもの健やかな成長など）に関係する場所に置いてください。

宝地図

幸運のクリスタル

宝地図を創るのは楽しい作業ですが、創るときは目的を明確にすることが大事です。宝地図のいいところは、自分が本当に望んでいることに集中し、望みの選択肢を絞ることができる点にあります。まず自分の夢を的確に表現した写真や言葉を集めることから始めましょう。古い雑誌やパンフレットに目を通してイメージに合った素材を探してみてください。例えば、理想の家を探しているのであれば、素敵な感じの家、理想にぴったりの間取り、ぜひ取り入れたいインテリアのアイデアが詰まった写真などを集めるといいでしょう。

ツール　大きいサイズの厚紙とクリップフレーム。絵または写真。小さめのクリスタルを数個。糊。

タイミング　いつでも好きなときに創れます。

宝地図

集めた絵や写真を大きな厚紙全体を埋め尽くす感じでカッコよく並べましょう。自分の写真をまん中に置いてもけっこうです（満面の笑みを浮かべた幸せそうな写真を選んでください）。

写真と自分の夢を書き込んだ紙を厚紙に貼っていきます。貼りながら、「私は自分の夢を叶えようとしています」と自分に語りかけてください。

クリスタル
ツール

厚紙をクリップフレームに挿入し、飾りつけをします。小さなクリスタルを何個か写真のまわりに貼りつけましょう。宝地図は目のつきやすい場所に置いておきます。くれぐれも結果に執着しないように。執着を捨てれば夢は思った以上に早く叶います。

第3章

クリスタル特有の効果

本章では家族、健康、仕事など人生の様々な分野に繁栄をもたらすクリスタルを紹介します。第２章の儀式やレイアウトと組み合わせれば自分が望む繁栄をすべて引き寄せることができます。想像力を働かせ、儀式やレイアウトの作法にほんの少し創意工夫を加えることで、自分が期待したとおりの結果が得られるのです。本章では様々な種類のクリスタルを紹介していますが、その中から目的に合ったクリスタルを選ぶには、自分に語りかけてくる石を選ぶのもいいですし、以前から大切にしているものを用いてもいいでしょう。使用する前に浄化と磁化を忘れずに。いったん磁化したクリスタルは身につけたり持ち歩いてもいいですし、自宅の吉方位に飾っておいてもけっこうです（p.92-93を参照）。

クリスタルヒーラーはワークをおこなう際、効果を高めるために全身のチャクラとそれに対応する色をうまく利用します。それと同じように、みなさんもチャクラを利用して繁栄を維持することができるのです。例えば、貧困意識や慢性的な空虚感は特定のチャクラと関係しています。関連するチャクラ（p.155を参照）にクリスタルを当てることで、マイナス思考を前向きな繁栄意識に転換することができます。また、昔からクリスタルは人間の臓器と深いつながりを持つと考えられてきました。臓器の上に当てることでそこに溜まった否定的な感情――例えば、腎臓は不安、肝臓は怒り、肺は悲しみ――を肯定的な感情に転換することができるのです。

お金を管理・運用する

幸運のクリスタル

お金を管理・運用するということは単に予算を決めてそれを実行するだけではありません。急な出費に迫られることはよくあることですが、エネルギーの流れに逆らわずに生活していれば、必要なお金や支援は勝手に引き寄せられてくるのでお金には困ることはありません。

お金を賢く使う

グリーンクォーツを身につけていると無駄遣いせず、分別のある使い方ができるようになります。また、自分自身や他人に対して寛容になります。ジェットやペリドットは古代から家計や財政を安定させるために用いられてきました。

ジェット

予算を立てる

グリーンスピネルは予算の立案や借金のトラブルを解決するのに役立ちます。シナバーやペリドットにも同様の効果があります。グリーンスピネルをほんの数秒間手の中に握るだけでクリエイティブな解決策が浮かんできます。繁栄を引き寄せるように願いを込めたクリスタルのブレスレットを身につけておけば、お店で衝動買いしそうになったときやネット販売でいらないものを買いそうになったときに無駄遣いせずに済みます。

ペリドット

クリスタル
特有の効果

ゴールドストーン

マラカイト

お金を有意義に使う

リスクを冒さずにお金を増やす方法を見つけるにはゴールドストーンまたはマラカイトが有効です。両手でクリスタルを持ち、リスクを冒さずにお金を増やす方法を教えてほしいと望んでください。答えはかならず返ってきます。一方、ペリドットは経済的、霊的豊かさを象徴します。浪費癖やけちで貪欲な性格を改め、手持ちのお金を有意義に使う方法を教えてくれます。また、持ち主がいつでも豊かさを享受する用意があるというメッセージを宇宙に放ちます。

チャクラシステム　貧困意識は基底のチャクラと関係があります。欠乏感やエネルギーの閉塞感を取り除くには褐色のクリスタルを足の下の大地のチャクラ、赤い石を基底のチャクラ(p.155を参照)、オレンジの石を仙骨のチャクラ、緑またはピンクの石を心臓のチャクラに置いてください。大地のチャクラを刺激して現実世界にグラウンディングするには、褐色のクリスタルと土の感触を持つヘマタイトのようなグラウンディング効果のある石を両足の上に置くと効果的です。

おすすめのエクササイズ　繁栄を呼ぶ儀式(p.62-67)、心の裕福さを手に入れる儀式(p.68-73)、豊かさを呼ぶレイアウト(p.74-79)、お金を生むグリッド(p.80-85)、吉方位(p.92-93)。

必要なお金を引き寄せる

繁栄はお金のある無しで決まるわけではありませんが、誰しも急にお金が必要になることはあるものです。ここで紹介する石は、さしあたり必要なお金を引き寄せるだけでなく、お金を得るための独創的なアイデアも提供してくれます。

ペリドット

グリーングロッシュラーガーネット

お金を引き寄せる

シトリン、ジェットまたはイエローサファイアは財布か貯金箱の中に入れ、カーネリアンは玄関に置いておくと、お金を引き寄せます。グリーングロッシュラーガーネットは生活必需品を買ったり余暇を楽しむために必要なお金を運んできます。必要とする金額と使途を書いた紙片を用意してください。その周囲にガーネットをダビデの星型に並べると必要なお金が入ってきます。紙片とクリスタルを新月の夜に外に置けば、なお効果的です。ペリドットにも同様の効果があります。財布の中に1個忍び込ませておくか、請求書の上に置いておくと必要なお金が入ってきます。

お金がなかなか入ってこない場合は、グリーンスピネルが大きなラセンを作って頭上で急回転し、遺産やこれから入ってくるはずのお金を運んでくるところを想像してみてください。また、郵便受けの上で急回転している別のラセンが、宝くじの当たり券や色んなチャンスを運んでくるところを想像してみるのも効果があります。

クリスタル
特有の効果

お金を賢く使う

グリーントルマリンを用いると現状に感謝するようになり、お金の使い方が賢くなるので、手元にいつも十分なお金が残るようになります。とくにお金のやりくりが上手になり、これまで気づかなかったことに目が向くようになります。例えば、リサイクルや物々交換をすることで無駄遣いがなくなり、お金を使わずともボランティア活動に参加することで満足感が得られるようになります。プレナイトは賢明なリスク選択ができる能力を育て、千載一遇のチャンスが訪れたときに行動を促す「内的な知」の発達を促進します。

プレナイト

チャクラシステム　仙骨のチャクラは創造と引き寄せに関係しています。オレンジの石を仙骨のチャクラに当てると必要なお金が引き寄せられ、独創的なアイデアが浮かんできます。

カーネリアン

おすすめのエクササイズ　繁栄を呼ぶ儀式(p.62-67)、心の裕福さを手に入れる儀式(p.68-73)、豊かさを呼ぶレイアウト(p.74-79)、お金を生むグリッド(p.80-85)、吉方位(p.92-93)。

心の平和

幸運のクリスタル

心の平和は誰も奪うことのできない財産で、内なる自分が平穏に包まれてはじめて感じることができます。内なる平和が心の奥底に錨を下ろしていれば、動揺したり自分を疑うようなことはありません。まさに心豊かな状態です。朝夕15分間クリスタルと共に過ごすことで心が落ち着き、深い安堵感が得られます。肌身離さず身につけていれば揺ぎない心の平和を実感できるでしょう。

心の平和を見つける

静謐を象徴するジェイドは平穏の中で得られる英知とつながる石として尊ばれています。日に何度かこの石を見つめるだけで心が落ち着き、つらいことがあってもこの石を身につけていれば心の平穏を保つことができます。ローズクォーツは無限の慈愛と深い平和の象徴です。無償の愛、普遍的な愛に同調させ、自分を愛せるように導いてくれます。一方、カルサイトには心身ともに落ち着かせる作用があります。深い心の平和に導き、無償の愛と静寂に同調させてくれます。

アンモライトの渦巻きをまん中まで目で追っていくと深い静寂に包まれた場所に行き着きます。そこはあらゆる悩みや不安とは無縁の深い安堵感に包まれた場所です。ウバロバイトガーネットを持っていると孤独を楽しんだり、孤独の中で強さを培うことができます。一方、アメジストは心を落ち着かせる働きがあり、そばに置いて瞑想すると霊界と容易につながることができるといわれ、昔から珍重されています。

ローズクォーツ

アンモライト

クリスタル
特有の効果

　アメジストを身につけると深い心のやすらぎを感じます。クリソプレーズは人間は大いなる全体の一部であることを実感させ、深い瞑想に導きます。リラックスして瞑想状態に入れないときはこの石をそばに置いておくと緊張がほぐれ、聖なるエネルギーを感じることができるでしょう。

チャクラシステム　心の平和は心臓に宿ります。ピンクのクリスタルを心臓の辺りに当ててください。こうすることで体の芯に深い平穏を引き寄せ、しっかり根付かせることができます。

アメジスト

おすすめのエクササイズ　心の裕福さを手に入れる儀式（p.68-73）、心の青写真を変える（p.82）

やりがいのある仕事を見つける

幸運のクリスタル

クリスタルの中には短期的な成功をもたらすものと、長期的な成功をもたらすものがあります。ここで紹介するクリスタルはどれも仕事と家庭のバランスを保つのに役立つものばかりです。ビジネスでの成功や、立身出世に関係する部屋（玄関を入ってすぐの部屋と一番奥の部屋。詳しくはp.92-93を参照）にクリスタルを置いておくと、それぞれに関係する分野で繁栄を引き寄せることができます。

マグネタイト

新しい仕事を引き寄せる

自分のやりたい仕事がはっきりしている場合はアダマイトが有効です。面接に行く前に求人広告の上にこの石を置くとうまくいきます。アダマイトが手に入らない場合はアイアンパイライトかマグネタイトを使用してください。長期的なキャリアプランがある場合は、磁化したツリーアゲートもしくは別種のアゲートがおすすめです。途中で挫折することなく目標に邁進することができます。きめが粗いツリーアゲートやモスアゲートは屋外で仕事をする人に最適です。とくに林業、農業、園芸関係の仕事に進みたい人やすでに従事している人にはおすすめです。これはアゲートに繁殖力を強める働きがあるからです。また、動植物とのコミュニケーションも活発にしてくれるので、獣医や動物園の飼育係などを目指している人にも適しています。

アダマイト

モスアゲート

クリスタル
特有の効果

ジェット

シナバーの原石

就職のチャンスを増やす

ブラックサファイアかジェットをあしらったアクセサリーを身につけると就職の機会に恵まれます。また、暗い濃紺のサファイアの原石を玄関に置いておくと就職のチャンスが増し、雇用を確保することができます。シナバーを身につけていると物腰が柔らかく好感の持てる人物という印象を与えるので、外見や身だしなみが重要な仕事を希望している人におすすめです（家に置く場合は玄関と正反対の場所が最適です）。

勉強に役立つ

何かの試験に合格するためにがんばっている人には、集中力を高めるカルサイトやカルセドニーがおすすめです。スギライトは本から知識を吸収するのに役立ちます。

チャクラシステム　基底のチャクラに赤い石、喉のチャクラに青い石を当ててチャクラを刺激すると、就職を目指している会社に自分のスキルや見識の高さを伝えることができます。

おすすめのエクササイズ　理想の仕事を見つける儀式（p.86-91を参照）。

成功を増やす

幸運のクリスタル

成功を増やせるかどうかは成功をどう定義するかによります。お金や地位さえ手に入れば成功したと考える人もいれば、心豊かに幸せな人生を送ることこそが成功だという人もいます。そこでまず自分が求める成功とは何なのかを具体的に考えてみましょう。物質的な豊かさを享受すること、人間として成長すること、愛する喜びや愛される喜びに目覚めること、目標を達成すること——。自分にとって成功とは何なのか？ それがわかったら成功を引き寄せるためにクリスタルに願いを込めましょう。

カーネリアン

モルガナイト

アベンチュリン

物質的な成功を収める

シナバーは努力が実を結んで運命が好転するのを助け、思いがけない場所での成功を支援します。ツリーアゲートは物質的な成功をゆっくりと引き寄せます。カーネリアンはシトリンやジェットと同様、ビジネスでの成功を促します。また、スピネルを身につけていると成功を収めた後もおごることなく謙虚な態度を保つことができます。人工のスピネルは、品質の善し悪しや、本物かニセモノかは外見だけでは判断できないこと教えてくれます。正方形にカットしたガーネットはビジネスでの成功を期すためにはぜひ身につけておきたい石です。美しいピンクのモルガナイトを手に持つと何が何でも成功したいという強い意志が沸いてきます。

クリエイティブな分野で成功する

アベンチュリンはデンドリティックアゲートと同様、クリエイティブな試みを成功に導きます。豊饒を象徴するこの石は人生のあらゆる面に豊かさを運んできます。

目標を達成する

具体的な目標がある場合は活力のあるトパーズ、ルビー、タイガーズアイまたはシトリンを身につけると効果的です。

ヘミモルファイトは結果に執着せず、現実的な目標を設定するのに有効です。レッドカルセドニーは目標達成に必要な粘り強さを養います。

恋愛を成就させる

エメラルドを身につけると夫婦愛が保たれ、レッドクォーツを身につけると恋愛が成就するといわれています。レッドクォーツは恋愛以外の望みを叶えるのにも有効です。

チャクラシステム　物質的な成功を願う人は、太陽神経叢のチャクラを黄色い石で、仙骨のチャクラをオレンジの石で刺激してください。恋愛成就を願う人は、自分に合った緑かピンクの石を心臓のチャクラに当てると効果があります。霊性の向上を願う人は、白いライラックまたは淡い青色の石を心臓と宝冠のチャクラに当てるといいでしょう。

おすすめのエクササイズ　感謝と神の恵み（p.46-49）、心の裕福さを手に入れる儀式（p.68-73）、新たな試みに神の恵みを求める（p.94-95）、宝地図（p.96-97）。

夢を実現する

幸運の
クリスタル

夢とははかなくも不思議なものです。大事なことは、がんばれば手が届きそうな夢と現実離れした夢を区別することです。そこで役に立つのがクリスタルです。未知なる可能性を象徴する卵型のクリスタルは夢を育てて実現させます。一方、ポイントのクリスタルは夢を引き寄せます。

夢を実現させる

カルサイトは理想を追い求めて生きていく勇気を与えてくれます。夢を実現するきっかけを与え、自らの可能性に蓋をするような考え方を排除します。スモーキークォーツには夢を実現する力が、ジェイドには夢を育てて成就させる力があるといわれています。夢の実現計画を練る上でサポートが必要なときは、レッドカルセドニーがおすすめです。ルビーを身につけると結果に執着することなく夢を追い求めることができます。

スモーキークォーツ

ルビー

夢を育む

自分の夢がまだはっきり描けていない人はアベンチュリンかムーンストーンに願いを込めて枕の下に置きましょう。枕元にペンとメモ用紙を用意します。翌朝、目が覚めたらすぐに夢の内容をメモしましょう。夢は何かの象徴である場合が多いのです。

クリスタル
特有の効果

ムーンストーン

パープルトルマリン

卵型のクリスタルにはエネルギーのアンバランスを修正する働きがあります。ストレスを感じたときに手に握ると心が落ち着きます。

手が届きそうな夢と現実離れした夢を区別する

ムーンストーンは夢を実現させたい人には最適の石ですが、感受性が強い人が用いると現実離れした夢を描いてしまうことがあるので注意が必要です。パープルトルマリンやカーネリアンは幻想を剥がし、夢の背後にある厳しい現実を明らかにします。現実的な夢であればカーネリアンが実現を後押ししてくれます。

チャクラシステム　夢を実現させるにはクリスタルを心臓のチャクラとソーマチャクラに置くと効果的です。ソーマチャクラは眉毛の間（第三の目のチャクラ）の上の頭髪の生え際の辺にあります。それから足元にも置きましょう。こうすれば夢をグラウンディングさせて実現させることができます。

おすすめのエクササイズ　お金を生むグリッド(p.80-85)、理想の仕事を見つける儀式(p.86-91)、宝地図(p.96-97)

コズミックオーダリングの精度を高める

幸運のクリスタル

コズミックオーダリング——宇宙への願い事——で一番大事なことは、流れに乗ることです。流れに乗るということは宇宙のエネルギーの源とつながることを意味します。逆に、流れに乗れないと願い事を実現させる力が弱まってしまいます。宇宙に願い事をする際にクリスタルを併用すれば、疑念、自己憐憫、不安が解消され、願いが叶う可能性が何倍にも膨らみます。宇宙に願い事をするときはクリスタルを額に当てると効果があります。また、願い事を書いた紙の上に願いが叶うまでクリスタルを置いておくのも効果的です。

グリーンカルサイト

トパーズ

願いを叶える

宇宙への願い事を書いた紙の上にグリーンカルサイトを置くと、家族に豊かさを引き寄せます。また、マニフェステーションクリスタル（p.137を参照）を磁化すると心から望んでいることを引き寄せます。プラスとマイナスに帯電したトパーズの両端から宇宙へ放たれた願い事は、やがて地球上で現実化します。

自分は幸せになる資格がある

富や繁栄を手にするなんて自分にはとても無理だと無意識のうちにあきらめていませんか。そんな方にはグリーンカルサイトがおすすめです。自信のなさや劣等感を穏やかに払拭し、ワクワクした期待感を持たせてくれます。

クリスタル
特有の効果

貧困意識を取り除く

シトリンと穏やかなグリーンカルサイトは貧困意識や劣等感を取り除いて、ゆるぎない繁栄意識を育んでくれます。

クォーツのポイント

宇宙のエネルギーの流れに乗る

クォーツのポイントには、アベンチュリン同様、持ち主を豊かなエネルギー場に即座につなげる働きがあります。欠乏感や自信のなさから、自分は貪欲でけちな人間だと思い悩んでいる人にはシトリンがおすすめです。こうした悩みを解消し、宇宙全体に広がる豊かなエネルギーの流れに取り込んでくれるからです。自信をつけたい人や創造性に火をつけたい人はアイアンパイライトを手の中に握るといいでしょう。無尽蔵ともいえる宇宙のエネルギーの流れに即座に乗ることができます。プレナイトはこのエネルギーの流れこそが神の意志の実現であるという確信を高めてくれます。

アイアンパイライト
の原石

チャクラシステム　適当な石でソーマチャクラを刺激し、大地のチャクラに銀色の石を置くと、夢をグラウンディングさせて実現させることができます。

おすすめのエクササイズ　意志の力で自分の世界を広げる（p.52-55）、新たな試みに神の恵みを求める（p.94-95）、宝地図（p.96-97）。

憧れの車を買う

幸運の
クリスタル

レッドカルサイト

ブラックカルサイト

ブラウンカルサイト

車を買うときは自分の気持と素直に向き合うことが大切です。購入する前にどんな車が欲しいのか、なぜその車が欲しいのかをよく考えてみてください。とにかく安全な交通手段が欲しい、虚栄心を満たしてくれる派手な車——自分の存在を世間にアピールするためのステータスシンボル——が欲しい、昔から憧れている車をどうしても手に入れたい。車を買う本当の理由が見つかったら、宝地図に色んなクリスタルを置いてみましょう。きっとあなたに合う車が見つかるはずです。

憧れの車を買う

夢を叶える足掛かりとなるカルサイトは、どこに行けば自分の欲しいものが手に入るのか教えてくれます。欲しい車を手に入れるためには目的に合った色のクリスタルを用いることが大事です。ステータスシンボルとしての派手な車を求めているのなら赤いカルサイト、もう少しおとなしい感じの車ならブラックカルサイトがおすすめです。また、ロマンチックな雰囲気を大切にするならマンガンカルサイト、とにかく丈夫で長持ちする車ならブラウンカルサイトが最適です。スモーキークォーツも憧れの車を手に入れるのに有効です。レッドカルセドニーは憧れの車を手に入れる計画を立てるのに役立ちます。

ステータスシンボルを買う

富と名声を象徴するルビーは、夢中になれる車、自分が裕福であることを実感させてくれる車を見つけるのに役立ち、グリーンアベンチュリン

クリスタル
特有の効果

はもう少し控えめなステータスシンボルを引き寄せます。ステータスシンボルとしての車は単に虚栄心を満足させるだけなのか、それとも期待どおり世間の注目を集めるのに役立つのかどうかを確認したいときは、クリソプレーズがおすすめです。

環境にやさしい車を買う

ブルートルマリン

インディコライト(ブルー)トルマリンは環境にやさしい車に目を向けさせます。環境にやさしい車という概念になじみがない人にはジェイドがおすすめです。アベンチュリンやモスアゲートと同様、環境への意識を高めてくれるからです。デンドリティックアゲートは資源の乱獲を慎むよう促します。スモーキークォーツを車内に置いておくと、車が故障する心配がなくなり、燃料パイプにクォーツをテープで貼っておくと燃費が向上します。

チャクラシステム　単なる移動手段として車を必要としているなら茶色の石を何個か大地のチャクラに置くといいでしょう。憧れの車を手に入れるにはソーマチャクラに適切な石を1個置きます。ステータスシンボルとしての車が欲しい場合は基底、仙骨、大地のチャクラに適当な石を1個ずつ置くと効果的です。

おすすめのエクササイズ　感謝と神の恵み(p.46-49)、意志の力で自分の世界を広げる(p.52-55)、お金を生むグリッド(p.80-85)。

自分のスキルを再発見する

幸運のクリスタル

さびついた腕にもう一度磨きをかけることで人生ははかり知れないほど豊かになります。かつて興味を持っていたことにもう一度取り組んでみたり、さびついた腕に磨きをかけるのに年齢は関係ありません。人よりも秀でていて、ほんの一瞬でも自分が輝いて見えるようなものが何か一つあれば、それだけで自分は特別な存在に思え、心の満足感を得ることができるものです。一方、何かを創造するプロセスを楽しむことから得られる喜びは何ものにも代えがたいものがあります。人生を振り返って、自分は何をしているときが一番充実していたか、何が得意だったかを思い出してみてください。自分の興味や得意分野が今と違っていても何の不思議もありません。大事なことは、結果ではなくプロセスを楽しむことであり、それによって心の豊かさが得られるということなのです。

創造性

アンドラダイトガーネットは創造力を刺激し、人間として成長するために大切なものを引き寄せます。大人になるにつれて創造力を失ってしまった人にはタイガーズアイがおすすめです。即座に創造性の発露を刺激し、力を発揮する場を与えてくれます。この石を身につけると才能に目覚め、創造する喜びを再発見することができます。メンタルな面での創造性を求めているならラピスラズリがおすすめです。明晰さとインスピレーションを与えてくれるでしょう。

タイガーズアイのタンブル

ラピスラズリ

クリスタル
特有の効果

研磨した
グリーンアベンチュリン

問題解決とテクノロジー

頭脳を明晰にし、問題解決を支援するトパーズは、芸術関係の仕事に携わる人にとっても理想的な石です。アベンチュリンはテクノロジー関係のことを理解するのに役立ち、科学技術分野での能力を高めます。

朗読と傾聴

朗読に関心のある人には語りの技術を向上させるピンクカルセドニーがおすすめです。子どものように素直に感動する心を芽生えさせ、新しいものを進んで受け入れるよう促します。チャイニーズライティングストーン（カリグラフィーストーン）は作家に創作上の刺激を与えます。感情移入の傾聴によって救われる人々は世の中にたくさんいます。ラピスラズリは古くから傾聴の質を高める石として珍重されています。

チャクラシステム　自分の潜在能力を発見するにはピンクの石を胸骨の基底にあるハートシードチャクラの上に何個か置くと効果的です。また、仙骨のチャクラの上に何個か置くと心身活力を取り戻すことができます。

おすすめのエクササイズ　心の裕福さを手に入れる儀式(p.68-73)。

仕事と家庭を両立させる

幸運の
クリスタル

仕事は人生の一部にすぎないと考えれば、仕事と家庭のバランスを保ちやすくなります。クリスタルを用いると、豊かな人生を送るためには仕事以外にも大切なことがたくさんあることに気づきます。一方、仕事と家庭のバランスが崩れる原因は、頼まれたら嫌と言えない性格や境界線を引けない性格にあります。2色のクリスタルを用いて毎晩寝る前に視覚化訓練をおこなえば、バランスのとれた生活を営むのに役立ちます。

ラベンダージェイド

アベンチュリン

境界線を引く

アゲートを用いると、自分の責任をしっかり果たした後は、それ以外のことを頼まれても状況に応じてノーと言えるようになります。アベンチュリンのアクセサリーを肌身離さず身につけるか、アベンチュリンを脾臓の上にテープで貼っておくと境界線を引くことを覚え、嫌なものは嫌とハッキリ言えるようになります。「イエスマン」のあなたが穏やかに、毅然とノーと言う必要に迫られたときはカルサイトが役に立ちます。ラベンダージェイドは他者との間に明確な境界線を引くのに有効です。

休息をとる

仕事や家事から解放されてしばらく休みをとりたいときは、アルマンダィンガーネットがおすすめです。アンドラダイトガーネットはどんなことであれ持ち主にとって最良の選択をする勇気を与えてくれます。

クリスタル
特有の効果

ターコイズ

マーリナイト

バランスを取り戻す

夜にマーリナイトを枕の下に置きます。目を閉じてキッチンスケールを思い浮かべてください。両側にはてんびん皿が乗っています。ひとつの皿には仕事に関係するもの、もう片方の皿には家庭や余暇に関係するものが乗っています。今はどちらかの皿が高い位置で静止しています。これからマーリナイトを高い位置にある皿に乗せて両方の高さをそろえましょう。朝、目が覚めたらこうしたバランスを直感的にとる方法をマスターしているよう、寝る前にクリスタルにお願いしてください。翌朝、目が覚めたら前の晩に見た夢や兆候をノートに書きとめておきましょう。そこには人生にバランスを取り戻すためのヒントが隠されているはずです。マーリナイトを身につけておくとバランス感覚が身につきます。また、ターコイズは仕事と家庭を両立させるためのクリエイティブな解決案を見つけるのに有効です。

チャクラシステム　足元の大地のチャクラに茶色、仙骨のチャクラにオレンジ、心臓のチャクラにピンク、そしてソーマチャクラに青色のクリスタルを置くと仕事と家庭のバランスをとるのに役立ちます。

おすすめのエクササイズ　感謝と神の恵み（p.46-49）、意志の力で自分の世界を広げる（p.52-55）、心の裕福さを手に入れる儀式（p.68-73）。

豊かな人間関係を築く

幸運の
クリスタル

人間関係が豊かになると心も自然と豊かになります。心が豊かになるにつれて周囲に発する波動も変わり、自分の世界観に共鳴する人々を引き寄せるようになります。

以下に紹介する、良い人間関係を築くための石を心臓の上に置くか身につけてください。長いチェーンのついたペンダントはちょうど石が心臓の辺りにくるので、良い人間関係を引き寄せるのに効果的です。

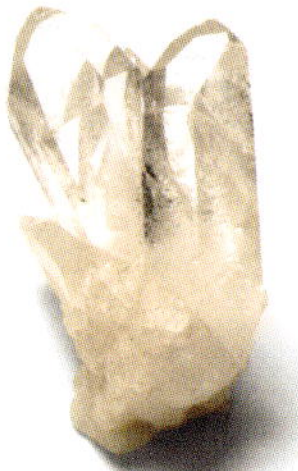
ツインフレーム

ツインフレームを引き寄せる

ソウルメイト・クリスタルあるいはツインフレーム・クリスタルは1個のベースとなる石に2つのポイントが並んだ形をしています。ツインフレームはカルマを解消したソウルメイトのようなものです。ソウルメイトは魂についた垢を洗い落とし、ツインフレームは心と魂を豊かにします。ブルーアラゴナイトやターコイズを身につけると、魂の計画をサポートするツインフレームを引き寄せます。あなたとツインフレームはお互いに深い愛情を抱き、魂レベルでコミュニケーションすることができます。

ブルーアラゴナイト

人間関係をさらに深める

無償の愛を象徴するローズクォーツは、周囲の人たちとの愛を育み、愛情関係を豊かにする石として珍重されています。マンネリ化した恋愛にもの足りなさを感じている人はモルガナイトを身につけておくといいでしょう。恋愛感情を再びかきたて、二人の関係がかけがえのないものであることに気づかせてくれます。また、相手を赦すことで二人の関係

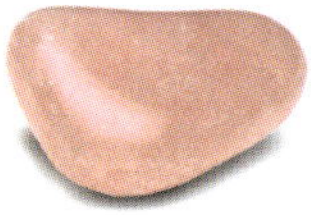
ローズクォーツ

クリスタル
特有の効果

がうまく行きそうなときはマンガンカルサイトがおすすめです。枕の下に一つ置いておきましょう。無償の愛を貫く力を与え、過去の苦い思い出にしばられた二人の関係を改善するのに役立ちます。もっと激しい恋を求めているのなら、ルビー、ガーネット、レッドジャスパーもしくはグリーンアベンチュリンがおすすめです。

レッドジャスパー

研磨したジェイド

マーリナイト

新しい友人を引き寄せる

クリソプレーズは貞節と誠実を奨励し、競争よりも協力が人生を豊かにすることを教えてくれます。また、考え方が似ていて共通の趣味を持つ友人を引き寄せます。ジェイドは友情を育てるには最高の石です。

チャクラシステム　心のつながりを強めたいときはピンクか緑のクリスタルを心臓のチャクラに置きます。お互いを助け合う関係を築き、熱愛関係を深めるには赤のクリスタルを基底のチャクラ、オレンジのクリスタルを臍の下に置くといいでしょう。情緒面でのつながりを強化したいときは太陽神経叢のチャクラにピンクか黄色のクリスタルを置くと効果的です。

おすすめのエクササイズ　感謝と神の恵み(p.46-49)、豊かさを呼ぶレイアウト(p.74-79)

人生にさらなる喜びをもたらす

幸運の
クリスタル

クリスタルは幸せが詰まった小包のようなものです。ありがたいことにいつでも喜んで幸せの御裾分けをしてくれます。周囲に良い波動を与えるので、そばに置いておくだけで幸せ指数が上昇します。また、金をあしらったクリスタルを身につけると最高の幸せを手にすることができるといわれます。手のひらに収まる滑らかなパームストーンクリスタル、指の間をするりと通り抜けるようタンブルに紐を通して作った「悩みの数珠」。どちらも人生に大きな喜びをもたらします。

フローライト
パームストーン

喜びをもたらすクリスタル

シトリン、トパーズ、サファイアは人生に喜びをもたらします。シトリンやトパーズの黄金色の輝きは太陽の象徴です。太陽が降り注ぐ中にいると誰でうきうきした気分になるものです。気分を高揚させたいときはこうしたクリスタルを身につけるのが効果的です。メロウオレンジやイエロージェイドは、人生に喜びをもたらすクリスタルとして何千年も前から愛用され、幸福を呼ぶパワーゆえに珍重されてきました。このようなクリスタルには脳内のエンドルフィンの分泌を活発にする働きがあり、こうした作用は海を連想させる青色のカバンサイトにも見られます（エンドルフィンとは自然界に存在する抗うつ作用を持つ物質で、気分を高揚させます）。

トパーズ

イエローカルサイトやゴールデンカルサイトは心の奥底で静かな喜びを感じさせ、霊的世界とつながる喜びを助長します。ステラビームカルサイトやクリソプレーズにもこうした作用があります。ピンクカルセドニーやマンガンカルサイトは心の奥底から湧き上がる喜びを感じさせてくれ

カバンサイト

ます。人生を謳歌するにはエメラルドを身につけるかグリーントルマリンを携帯するといいでしょう。

カーネリアン

シトリン

楽観主義

楽観的に日々を過ごせば人生が楽しくなります。シトリンを身につけると生来の悲観主義を克服することができ、自信と希望が沸いてきます。私たちはエネルギー不足を感じるとどうしても悲観的になりがちです。そんなときはカーネリアン、シトリンまたはトパーズを身につけると、エネルギーのレベルを上げ、人生を前向きにとらえることができるようになります。どの石にもマイナス思考を取り除き、喜びに転化する作用があります。

前向きに考える

前向きに考える必要性をとくに感じたときはアイアンパイライトと心を通わせてください。この石の持つ強さがあなたのモチベーションを上げ、行動へと駆り立てて生きる喜びを実感させてくれるでしょう。

チャクラシステム　黄色のクリスタルを太陽神経叢に、緑またはピンクの石を心臓のチャクラに置くと生きる喜びを感じることができます。何かを創造する喜びを味わいたいときは追加でオレンジの石を仙骨のチャクラに置いてください。

おすすめのエクササイズ　感謝と神の恵み（p.46-49）、心の裕福さを手に入れる儀式（p.68-73）。

第4章

繁栄を引き寄せるクリスタル図鑑

古代人はクリスタルがもたらす繁栄の種類は色によって異なると考えていました。石の中に秘められた「色」の持つパワーに注目していたのです。金色や黄金色の石は財、創造力、生命を育む太陽を、緑色の石は自然の恵みや新たな成長を連想させます。金色の石は自尊心を高め、誰もが豊かさを享受できるという意識を高めます。一方、赤い石の多くは火星を連想させます。火星は野望、人生を切り拓く力、願望を実現させる強い意志の力の象徴です。

本章で紹介するクリスタルの中には様々な形や色のバリエーションを持つものもあります。石が持つ基本的なエネルギーのレベルは変わりませんが、色や形に固有の特性によってエネルギーが強化されることもあります。

幸運のクリスタル

シトリン

「商売繁盛の石」として知られるシトリンは太陽、豊饒、成功を象徴する石の一つで、とくに繁栄を増す石として珍重されています。お金を引き寄せるためにこの石を財布や貯金箱に入れたり、家の吉方位に置く習慣もあります。成功を望む人はポケットに一つ忍び込ませておくといいでしょう。また、少し矛盾しているように聞こえるかもしれませんが、この石は蓄財と同時にお金を気前よく使うことも促します。喜びや豊かさを他人と分かち合うことで、寛大な心を養う機会を与えてくれるのです。この石は、人のためにしたことは４倍になって自分に返ってくることを教えてくれます。寛大な心は貴重な天賦の才であり、限りない豊かさを生み出す原動力となることを教えてくれるのです。

シトリンの原石

人生にもの足りなさを感じていたり、何か大事なものが欠けているという意識が常に頭のどこかにある人にはシトリンがおすすめです。喜びに満ちた明るいエネルギーを持つこの石をじっと見ているだけで自分がいかに恵まれているかに気づき、自信が沸いてきます。モチベーションが上がらないときなどはとくにおすすめです。無感動や絶望感を克服して自尊心を高め、楽観的なものの見方や態度を身につけるのに効果があるからです。また、創造性を象徴するこの石は持ち主の隠れた才能を引き出してくれます。新たな可能性を発見し、実現させるために必要な知力を刺激します。

シトリンのポイント

形状　シトリンは様々な形が流通しており、家の吉方位に置くには理想的です。洞窟のような形をしたジオードは豊かさを手に入れて維持するのに役立ちます。複数のポイントを持つクラスターには招財効果があり、シングルポイントには豊かさを引き寄せてエネルギーを物理的環境や体内に運ぶ働きがあります。球体はエネルギーを周囲の環境に放射して繁栄を広めます。タンブルは繁栄とは心の持ち方次第であることに気づかせてくれます。

シトリンのジオード

産地　シトリンはクォーツの変種で、色は鉄の不純物によるものです。天然シトリンはアメジストが地殻で過熱されてできますが、比較的稀にしか採掘されません。現在流通しているシトリンの多くはアメジストやスモーキークォーツに熱処理加工をした人工石です。人工石特有の明るい黄色や栗色に比べると、天然石は淡い色調とくすんだ感じが特徴ですが、すべてのシトリンは繁栄と富貴をもたらします。天然石はコンゴ、ブラジル、アメリカ、イギリス、ロシア、ウルグアイ、フランス、マダガスカルなどで産出されます。

歴史　天然シトリンは希少性が高いためにローマ時代以前は無名の石でした。西洋でアクセサリーに使われだしたのも中世以降のことです。古文書や現代の聖書の中に見られるシトリンという名称は誤訳で、実際には異なる石を指す場合が多いようです。

研磨したシトリン

クリスタル紹介

幸運のクリスタル

アベンチュリン

幸運を招くお守りとしてギャンブラーが何世紀も前から愛用してきた石です。アベンチュリンの語源はラテン語の「偶然」。ブルーアベンチュリンとグリーンアベンチュリンは「アバンダンスクリスタル」として販売されていることが多いようです。光り輝く斑点から魔除けの石として人気が高く、高価な石が手に入らない国では「エメラルド」と呼ばれることもありました。現状に感謝することの大切さを教えてくれるアベンチュリンは感謝の心を育てるのに最適の石です。

ブルーアベンチュリンの原石

グリーンアベンチュリンは貧困意識の根底にある欠乏感を取り除き、これからどんどん運勢が良くなるという期待感を与えてくれます。また、自分の殻を破ろうと努力している人を応援します。昔から視力を改善するために用いられてきました。自分自身や将来の計画を見つめ直すときに役立ち、動機と行動を点検するよう促します。事態を好転させ、思いがけない豊かさを生むビジネスチャンスをもたらします。また、自信を高めてリーダーシップを発揮させ、誠実さと思いやりを育てます。ここが我慢のしどころというときに誰かに励まして欲しいときや、難しい決断を迫られたときは、アベンチュリンのパームストーンをポケットに忍ばせておくと気持がとても楽になります。不安や恐れを克服したいときは腎臓の上にテープで貼っておくといいでしょう。自然界の4元素を支配する植物の精霊が宿るデヴァの王国と強いつながりがあることから、繁殖力を高めて豊作をもたらし、庭園や農場で育つ動植物の成長を促す働きがあります。また、創造力も高めてくれます。もし何者かにエネルギーを吸い取られそうになったら、左の腋の下の脾臓にグリーンアベンチュリンを貼っておくと防御対策になります。

形状　不透明ですが、たまに半透明のものもあります。アベンチュリンはフェルドスパーとクォーツの混合石でマイカまたはヘマタイトのインクルージョンを示します。表面の輝きと独特のつやはこのインクルージョンの影響です。原石の塊り、タンブル、成形した石などが入手可能です。色は青、緑、柔らかい感じの桃色など数種類あります。

産地　世界中の鉱床で採掘されます。とくに中国、インド、チベット、ネパール、タンザニア、ロシア、イタリア、ブラジルでは高い知名度を誇ります。

歴史　金・銀に似た輝きを放つことから特別な石として扱われてきたアベンチュリンは、古来、地上に降り立った神を模した立像に使われてきました。

グリーンアベンチュリン
のタンブル

研磨したアベンチュリン

幸運のクリスタル

ジェイド

中国や極東で珍重されるジェイドは幸運と友情を引き寄せる究極のパワーストーンです。その価値は黄金やダイヤモンドに匹敵するといわれます。ジェイドを含むノジュールがオークションにかけられるときは、バイヤーは中にあるジェイドの品質を知るすべがありません。したがって、ノジュールを割ってはじめて中にある石が高品質か、そうでないかがわかるのです。そのためバイヤーたちは自分の直感と専門知識を頼りに賭けにでるのです。

ジェイドは現状に対する感謝の心を育て、本当の豊かさとはお金に関係なく、自分自身の裡にあることに気づかせます。貧困意識や拝金主義など、お金に関する問題を解決するのにも有効です。お金の良い面を理解させ、無駄使いせず大事に使うよう促します。また、持ち主の能力を最大限に発揮させ、隠れた才能を引き出します。さらに、大きな賭けにでるときに必要な水平思考を鍛えるのにも役立ちます。豊かな宇宙とつながるこの石は、お金はエネルギーの流れに乗って循環していることを教えてくれます。また、潜在意識にインプットされた否定的な信念を取り除き、前向きな態度を養う効果もあります。自立を支援し、成功に必要な資質はすでに自分の思い通りに利用できることに気づかせます。新しいビジネスパートナーを探しているときは、誠実で先見の明のあるパートナーに出会えるよう導いてくれます。この石の力を借りれば、複雑な状況が一気に改善します。静謐なブルージェイドを握るとどんなことでも自分でコントロールできる気になります。うまく境界線を引くこと

ジェイドの原石でできた古代マヤ文明の工芸品

ができないタイプの人はなめらかなラベンダージェイドを身につけるといいでしょう。

形状　ジェイドにはジェダイト（硬玉）とネフライト（軟玉）があります。ジェダイトは表面がなめらかで、光沢のあるガラス質のつやが特徴です。ネフライトはジェダイトよりもややざらざらした感じで、彫刻用やタンブルとして用いられます。ほとんどの色がそろっています。

産地　中国、イタリア、アメリカ、ガテマラ、ビルマ、ロシア、極東、中東。

歴史　5000年前のジェイドの斧頭が最近イングランドで発見されました。特別な儀式用としてイタリアから持ち込まれたようです。数千マイルも遠く離れた国からわざわざ取り寄せたということは、古代文明においてジェイドがいかに貴重な石であったかを物語っています。とくに切断用の道具として重宝されていたようです。オブジェとして細工をほどこされたジェイドは古代中国の皇帝や富裕階級の死後、死者とともに埋葬されました。埋葬されたジェイドは死者の社会的地位を象徴し、守護石として霊界と現世との橋渡しをすると考えられていたようです。また、古代マヤ文明でも多彩な儀式用オブジェとして用いられ、グリーンストーン（緑玉）はマオリ族にとって神聖な石とされていました。

ジェイドのタンブル

中国のジェイドの彫刻

クリスタル紹介

幸運のクリスタル

カーネリアン

13世紀に編纂された『貴石誌』にはカーネリアンはかつてイエメンの辺境地でしか採掘されなかったという記述がみられます。また、カーネリアンを採掘しようなどという者はよほど金に困った人々に限られていたとも記されています。しかし、この石を手に入れた人々の苦労が大いに報いられたことは確かです。というのは、古代この石は装身用のアクセサリーや彫刻石として珍重されていたからです。この石が困難な道を歩みだそうとする人に勇気を与え、念願成就を約束するといわれているのにはこのような歴史的背景があるのです。

古来、カーネリアンは守護石として珍重され、護符として利用されていました。身につけると商売繁盛が約束されるといわれます。創造性を象徴するこの石は、持ち主にバイタリティーを与え、下半身のチャクラを強力に刺激し活性化する働きがあります。また、再生・刷新の象徴でもあるこの石は、人生の様々な局面で建設的な選択ができるよう助け、空想の現実化を後押しします。モチベーションが上がらない人や無気力な人にはこの石がピッタリです。怒りや被害者意識を自立心と行動力に転換してくれます。昔から、家の玄関に置いておくとその家は栄えるといわれています。

カーネリアンの原石

形状　自然のタンブルが多いですが、ごつごつした形で見つかるものもあり、成形したものも流通しています。色はピンク、オレンジ、赤が多いですが、シダ状のインクルージョンを示すデンドリティックカーネリアンには、青色がかった白または茶色もあります。

産地　イギリスとアメリカ全土に広がっています。また、インド、ロシア、ブラジル、ヨーロッパ中部、ペルー、アイスランドでも産出されます。砂浜や川べりで水に穿たれたタンブルで発見されることもあります。

研磨したカーネリアン

歴史　彫刻をほどこしやすく半透明な美しさを有することから、古くから珍重されてきました。カーネリアンのアクセサリーや護符は世界中の古代文明の遺跡から発掘されており、エジプト第一王朝以前に作られたとみられるカーネリアンのアクセサリーも見つかっています。また、メソポタミアとエジプトの両文明でおこなわれていたクリスタルヒーリングにもその名が登場するほか、モーセの兄で、聖書に登場するユダヤ教最初の祭司長アロンの胸当てにも用いられていたといわれています。古代エジプトでは、紅海の島でとれた貴石級のカーネリアンは別名「イシスの血」（Blood of Isis）と呼ばれ、ツタンカーメン王の墓の副葬品の中にも見られます。その名の由来となったイシスは古代エジプト宗教の最高の女神で、蘇生と復活を象徴する神として崇められていました。

カーネリアンのタンブル

幸運の
クリスタル

アンモライト

風水を代表する繁栄の石アンモライトが市場に流通し始めたのはごく最近のことです。その美しさ、引き寄せの力、潜在能力を高めるパワーゆえに近年、とみに人気が高まっています。創造力と精力を高め、「忍耐して実を結ぶ」ことを教えてくれます。また、家に置いておくと招福に、会社に置いておくと商売繁盛に効果があるといわれています。

第三の目のチャクラに置くと、直観や先見の明といった霊的才能を開花させ、持ち主にふさわしい案内役の精霊や助言者を霊界から引き寄せます。また第三の目に置くと精神の明晰さと洞察力を高めてくれます。基底のチャクラとも相性がよく、生存本能を刺激します。ソーマチャクラに置くと、今世の魂の計画とつながることができます。アンモライトのラセンを思い浮かべながら瞑想すると深い内観に導かれ、真の繁栄を邪魔する有害な思考や感情を発見し取り除くことができます。適切に磁化すればプロジェクトを成功に導くこともできます。

鉱化したアンモナイト

形状　アンモライトはイカに近い軟体動物であるアンモナイト（アンモン貝）の化石の殻にパイライトを伴うアラゴナイトが付着した化石宝石です。何百万年という歳月を経て圧縮・鉱物化された結果、虹色の輝きを放つクリスタルに生成したのです。アンモライトの断面にはアンモナイトの曲線が今でもはっきりと見えます。アクセサリーに使われる小さなアンモライトにはラセンは見えません。

産地　アンモライトの代名詞といえるピンクアンモライトは、厳密に言うとカナダのアルバータ州からアメリカのモンタナ州にいたるロッキー山脈の東側斜面の地層でのみ採掘されます。アンモライトに似た鉱物化した化石はモロッコの一部地域でも採掘されます。

研磨したアンモライト

歴史　世界宝石連盟がアンモライトを有機宝石に認定したのは1981年とごく最近のことですが、歴史を通じて貴重な石として尊ばれてきました。古代エジプトでは「太陽神アーメンの角」と呼ばれ、北米先住民のブラックフット族は「バッファローストーン」と呼び護符として用いています。

幸運のクリスタル

クォーツ

地球上で最も豊富な採掘量を誇るクリスタルです。愛を育むローズクォーツ、夢の実現を後押しするスモーキークォーツ、さらには、繁栄を引き寄せるクリスタルの代表格シトリンもクォーツの変種です。ロウが溶けたように見えるキャンドルクォーツは集団に豊かさを引き寄せます。クォーツは強い意志を養うのに最適ですが、とりわけエネルギー増幅作用には目を見張るものがあります。集中力を高めるクォーツは、乱れた体内のエネルギーのバランスを整え、否定的な条件づけや有害な思考を取り除いてくれます。以下に紹介する３つの形状——ジェネレーター、マニフェステーション、アバンダンス——には繁栄をもたらす効果があり、家の吉方位に置いておくには最適です。

ジェネレータークォーツ

ジェネレータークラスター

ジェネレータークリスタル

ジェネレータークリスタルには2つの形状があります。ひとつは、シングルジェネレーターと呼ばれるもので、天然石も人工石もポイントの先端は正6角錐面です。シングルジェネレーターは尖ったポイントが上を向くようにカットされたものが多いようです。この形は持ち主の内的資質を高めます。また、エネルギーを放射して、身体の中心を通っているコア・エネルギーを強化する働きがあります。小さなポイントの集まりが良いエネルギーを取り込んで、さらなる繁栄を運んでくるのです。一方、ジェネレータークラスターと呼ばれる形状はいくつものロングポイントが四方八方に突き出した形をしています。ポイントで創られたエネルギーはそこから放射されます。クラスターは持ち主が懸命に努力していることすべてにエネルギーを均等に注ぐので、クリスタルに願いを託せば複数の結果をもたらすことができます。自分自身や家族、集団内の不協和音を解消し、充実した人生を約束してくれます。

マニフェステーションクリスタル

大きな水晶の中に1個または複数の水晶が完全に内包されているものをマニフェステーションクリスタルと呼びます。インクルージョンやファントムがマニフェステーションクリスタルという名で販売されていることもありますが、そのような表示は正しくありません。マニフェステーションクリスタルは希少ですが、クォーツのポイントの集まりの中に発見できることもあります。創造力を高め、思考と意志を増幅させます。磁化すれば、人生の質を高めてくれるもの——喜び、芸術的才能、霊界に住む案内役の精霊など——を引き寄せることができます。しかし、このタイプは持ち主の願望を文字どおり解釈するので、自分の本当の望みを明確にしてから願いを託すことが大事です。

アバンダンスクリスタル

大きなクリスタルのベース部分に小さな結晶が群生しているクリスタルをアバンダンスクリスタルと呼びます。家族に富と繁栄を引き寄せるほか、様々な繁栄を呼ぶといわれています。この石に願いを託せば幸運、親友、恵まれた生活を手にすることができます。

アバンダンスクォーツ

その他のクリスタル

幸運の
クリスタル

アゲート

アゲートには数種類あり、グラウンディング効果と物質の波動を安定させる働きがあります。この安定作用が繁栄を目に見える形で実現するのに役立つのです。じっくり時間をかけて現実的な解決策を提案するアゲートは、体幹の安定性を高めるのにも効果的です。パワフルなアゲートは持ち主を様々な面で強力にサポートします。自分を完全に受け入れられない人にもおすすめです。自信と集中力を養い、内なる安心感を与えてくれるでしょう。

ツリーアゲート

ツリーアゲートは経済的な成功を徐々に引き寄せます。生物と強いつながりを持つこの石は豊かな心を養い、環境倫理の視点に立った天然資源の利用を促します。また忍耐を象徴するこの石は大きな困難に直面している人に安心感を与えてくれます。

デンドリティックアゲートは見た目はツリーアゲートによく似ています。豊饒の石として知られるこの石は、人生に限りない豊かさをもたらします。とくに、自然や天然資源に関係するビジネスを成功に導きます。農作物の収穫を増やしたいときは、田畑の周囲をこの石でグリッドすると効果的です。また、ピンチに立たされても心の平穏を保つのに役立ちます。

デンドリティックアゲート

モスアゲートも自然や動植物と深いつながりがあります。誕生を象徴するこの石は新たな試みを始めるときや、人生の再スタートを切るときに大いに役立ちます。豊かさを呼ぶ強力なパワーを持ち、財産を守るだけでなく物心両面の豊かさを引き寄せます。また、自尊心を高める効果があり、希望を失いかけたときにそばに置いておくには最高の石です。失敗してもあきらめずにもう一度チャレンジするよう促し、これまでの努力が報われなかった原因について洞察を与えてくれるので、結果的に軌道修正することで成功をつかむことができるからです。

産地　世界中。

モスアゲートのタンブル

モスアゲートの原石

エメラルド

恋愛成就の石として知られるエメラルドは、無償の愛を育み、喜びに満ちた夫婦愛や友人関係を築くのに最適です。自分の意志を明確にし、人生の浮沈みを乗り越える力強さを与えてくれます。「エメラルド」は聖書にも登場しますが、実際は「グリーンストーン（緑玉）」を指している場合がほとんどです。

産地　タンザニア、インド、ジンバブエ、ブラジル、オーストリア、エジプト。

エメラルドカット

その他のクリスタル

幸運の
クリスタル

ゴールドストーン

ゴールドストーンの
タンブル

ゴールドストーンは溶けたガラスに銅粉をちりばめて作った人工石です。黄金、赤、青のゴールドストーンは「金運アップ」の石として販売されていることが多いようです。19世紀、貴石に認定されたこの石は、伝説によると錬金術師が黄金を作ろうとして偶然発見したといわれています。またイタリアの修道院に伝わる秘法によって作られたという伝説もあります。一方、17世紀にイタリアのベニスでミオッティ家がこの石を作ったという記録も残っています。現代では、光り輝く美しさとエネルギー転化作用を持つ石として珍重されています。

ゴールドストーンを身につけていると積極的な態度とゆるぎない自信が身につきます。積極果敢にチャレンジする勇気を与え、エネルギーのレベルを上げてくれるからです。この石の力を借りれば生きる喜びと心の裕福さを味わうことができます。

産地　ゴールドストーンは人工石です。エジプトで産出されるサンドストーンはパイライトの斑点を持ち、磨けばゴールドストーンに見えます。

タイガーズアイ

古代ローマで戦士が護符として利用していました。古来、財産を守る幸運の石として珍重されてきました。この石を身につけると経済的な成功に恵まれ、目標を達成する能力と決断力が高まるといわれます。自分の能力や適性を思う存分発揮したい人にはぜひおすすめです。自分のスキルや才能に気づき、変革を成し遂げ、成功をつかむのに役立ちます。創造力の低下に悩んでいる人にもおすすめです。その原因を取り除いてくれます。また、この石には別々の情報を寄せ集めて一つの系統だった情報へと統合する働きもあります。欲しいものと必要なものを区別し、機が熟すのを見極めるのに有効です。単なる希望的観測と実現可能な目標を見分けるのに役立ち、自信を育て、やる気をおこさせてくれます。

ゴールデンタイガーズアイを持っていると感情ではなく直感に基づいて行動するようになります。レッドタイガーズアイはモチベーションが下がっているときにおすすめです。ホークスアイ（ブルータイガーズアイ）はマイナス思考を取り除き、自分の行動に責任を持った生き方を支援してくれます。昔から家や会社の吉方位に置いておくと豊かさを引き寄せるといわれています。

タイガーズアイの原石

産地　インド、アメリカ、メキシコ、南アフリカ、オーストラリア。

タイガーズアイの
タンブル

その他のクリスタル

幸運の
クリスタル

アイアンパイライト

金に似た光沢を持つことから「愚か者の金」とも呼ばれるアイアンパイライトはきわめて力強く行動的な「男らしい」石で、物事を進展させる力があります。古代ギリシャでは「火打石」として知られていたこの石は、持ち主の創造力をかきたてます。この石の助けを借りればうわべの現象の背後にあるものを見抜くことができます。また、自分の潜在能力を発揮したいときや自信を深めたいときにもおすすめです。

プロジェクトに活気を与える作用があるのでビジネスにも役立ちます。ただし、「男らしい」人たちばかり集まっているところでは効き目が強すぎて逆効果になる場合があるので注意が必要です。女性か温和な男性が用いると最大の効果を発揮し、お互い協力し合って仕事に取り組む集団に活力と洞察を与えてくれます。文鎮としてデスクの上に置いておくとアイデアが沸いてくるでしょう。マニフェステーションクリスタルの中ではクォーツに内包されたアイアンパイライトがエネルギーの相性という点では最高の組み合わせです。

アイアンパイライトの原石

産地　イギリス、チリ、ペルー、北米。

ラピスラズリ

研磨したラピスラズリ

古代文明では、青の中に金の含有物をちりばめたその姿から幸運を呼ぶ石として珍重され、地上に舞い降りた神を象徴する神聖な石と考えられていました。自我に目覚めさせ、心の平穏をもたらすこの石は、話し言葉の持つ威力を説き、創造力を高めてくれます。思考を増幅させる作用があり、積極的な傾聴に価値があることを教えてくれます。

産地　アフガニスタン、中東、アメリカ、ロシア、チリ、イタリア、エジプト。

ターコイズ

エジプト神話の女神ハトホルに関係の深い聖なる石で、青緑色は歓喜に満ちた人生を象徴します。5500年以上も前にエジプトで採掘されたとみられる世界最古のターコイズのビーズが、メソポタミアで発見されています。空と大地をつなぐといわれるターコイズは男性的なエネルギーと女性的なエネルギーがバランスを保った状態を象徴しています。クリエイティブな解決策が必要なとき、頼りになるのもこの石です。また、長年の夢がやっと実現しようとしているときに二の足を踏んでいる人はこの石を身につけるといいでしょう。この穏やかな性質の石は自分を信じることの大切さを教え、自信を未来へ反映させます。アメリカ先住民は昔からターコイズと新月を一緒に見ると幸運が訪れると信じていました。ターコイズを用いて幸運を呼び寄せる儀式は新月に行うのがベストです。

産地　アフガニスタン、アメリカ、エジプト、チベット、ロシア、イラン、中国、ペルー、フランス、アラビア、ポーランド。

ターコイズのタンブル

その他のクリスタル

幸運の
クリスタル

トパーズの原石

ブルートパーズカット

トパーズ

心身に活力をもたらすトパーズを身につけると限りない豊かさを感じることができます。持ち主の資質を引き出し、目標達成と問題解決を支援します。また、宇宙への信頼感を高めるこの石は、がむしゃらに行動するのではなく、冷静にありのままの自分を受け入れるよう促します。古くから開運の石の一つに数えられるトパーズは喜びと豊かさに満ちあふれています。博愛と寛容を促し、自分の持てる才能を人のために役立て、幸せを広めようとする人を応援します。また、創造的な活動を全面的に支援するこの石は、自信を高め、問題解決に役立つ水平思考を促します。

ブルートパーズは自分の道徳観や理想にしたがって誠実に生きようとする人を応援します。道を踏み外しそうになったときは、正しい道へそっと導いてくれるでしょう。ゴールデントパーズはトパーズの中でも最も活力に満ちた石です。持ち主のエネルギーを充電し、楽観的なものの見方を培います。また、自分の能力や適性を発見するのに有効で、カリスマ性を高めてくれます。何か大規模な計画を実行するにはこの石が最適です。一方、古い考え方を捨てきれずに悩んでいるときはピンクトパーズがおすすめです。捨てることへの抵抗感を取り除いてくれます。

産地　アメリカ、インド、メキシコ、南アフリカ、オーストラリア、スリランカ、パキスタン。

クリソプレーズの
タンブル

クリソプレーズ

自己中心的な態度をいましめ、精神をリラックスさせる作用があります。希望を与え、持てる才能を存分に発揮できるよう創造力を刺激してくれます。情緒を安定させ、自立を促すこの石は、競争よりも協力によって人生が大いに豊かになることを教えてくれます。この石を身につけていると同じ考え方を持った人を引き寄せるので、共通の趣味を通して喜びを分かち合ったり、共に人生を謳歌することができます。

産地　アメリカ、タンザニア、ロシア、オーストラリア、ブラジル、ポーランド。

マラカイト

「金運アップの石」として流通していることが多いですが、持ち主を深い内観に導くので、真我の探求に役立ちます。また、問題解決や進路を決定するのにも有効です。強烈なエネルギーを持つこの石は、リスクを覚悟の上でのチャレンジを促し、魂の変容をもたらします。因習を打ち破る必要に迫られたときは力を貸してくれるでしょう。また、良い友人関係を維持するのに役立ちますが、成長過程で、必要でなくなった旧来の友人との縁を切るのにも役立ちます。

産地　コンゴ、中東、ザンビア、ルーマニア、ロシア

注意事項　マラカイトは毒性がありますので、タンブルを使用してください。

マラカイトのタンブル

その他のクリスタル

幸運の
クリスタル

成形した
オレンジカルサイト

グリーンカルサイト
の原石

ピンクマンガンカルサイト

カルサイト

多彩な色を持つカルサイトはエネルギーを増幅させ、家族に繁栄を引き寄せます。また、モチベーションを高め、行動力と自分らしさを貫く勇気を与えてくれます。自らの可能性に蓋をする考え方や精神的な条件づけを取り除き、アイデアを実現させるための架け橋となります。

カルサイトは色によって効能が異なります。グリーンカルサイトは貧困意識や自分を卑下する心を捨てるのに役立ちます。また、自分の殻を破ろうと努力している人にいつも寄り添って支えてくれます。クリアーカルサイト(ホワイトカルサイト)は新たな始まりを象徴する石で、大きな変化を促進する働きがあります。ピンクマンガンカルサイトは自己受容と自信を高め、無償の愛を注ぐ力、とくに自分自身を愛する力を育みます。意志の弱いタイプの人には精神力を鍛えるレッドカルサイトまたはイエローカルサイトがおすすめです。

産地　世界中。

シナバー

水銀を含むことから、その昔、錬金術師はこの石を金に変えることができると信じていました。こうした背景から招財の石としての評判が広まったようです。この石は最初、狩猟の成功を祈って描かれた洞窟の壁画に色をつけるために用いられていました。金庫に入れておくと富を引き寄せ、財産を守るとされるこの石には、金融取引を成功に導く力があるといわれます。また、説得力を養い努力が実るよう支援してくれるので、営業マンや販売員に最適の石とされています。もっと人に好かれるような性格になりたいと望んでいる人は、この石をそばに置いて変容のワークをおこなうと効果的です。

産地　アメリカ、中国。

注意事項　シナバーは毒性があるので取り扱いには十分注意してください。触った後はよく手を洗ってください。

シナバーの原石

アダマイト

　入手が難しいレアな石ですが、探してみる価値はあります。創造力を高め、最適の仕事が見つかるよう支援してくれます。キャリアの転換について難しい決断に迫られたときや新たな進路を選ぶ際にも役立ちます。また、起業家としての才能を引き出す力があり、新しいビジネスに成長と繁栄をもたらします。

産地　アメリカ、メキシコ、ギリシャ。

アダマイト

その他のクリスタル

幸運の
クリスタル

カルセドニー

穏やかな養育の石カルセドニーは善意と寛容を促し、有害な思考を排除して喜びに転化させます。色は数種類ありますが、すべて天然石というわけではありません。とくに着色処理したシルバーカルセドニーは色あせることがあるので注意してください。ブルーカルセドニーは創造力を高め、新しいアイデアを宣伝するのに有効です。あまり先のことを心配せず新しい環境に適応し、新たな環境の中で最大限力を発揮できるよう支えてくれます。活力のあるレッドカルセドニーは目標達成に邁進している人に自信と忍耐力を授けてくれます。夢を実現させるための計画を練る際にも大いに役立ちます。

ブルーカルセドニーの
タンブル

産地　世界中。

カルセドニーのジオード

スピネル

サイズは小さく、母岩の表面に付着しているかアクセサリーに埋め込まれた形で見かけることが多い石です。人工石もありますが、スピネルが石の精霊と同調するように持ち主が願えば天然石と同じ作用を発揮します。逆境を乗り越える力を与え、困難に直面したときに再び活力を与えてくれます。また、この石をそばに置いておくと成功したときにもうぬぼれず謙虚さを失わずにいることができます。初心を忘れず、これまで自分を支えてくれた恩人たちのことを決して忘れないよう肝に銘じさせます。ブラックスピネルは経済的な困難を乗り越えられるよう支援し、オ

スピネルの原石

レンジスピネルは創造力を刺激します。イエロースピネルは免疫力を高めてくれます。

産地　カナダ、スリランカ、インド、ビルマ、人工石。

トルマリン

強力な守護石で、被害者意識を取り除いて自信を植えつけます。すべてのトルマリンは繁栄を引き寄せますが、なかでもインディコライト（ブルー）トルマリンは、自分の能力を活かして人のために奉仕したり、自然環境と調和した生活を送るのに役立ちます。ピンクトルマリンは愛を根づかせ、パープルトルマリンは幻想を打ち砕き、現実的な夢を持つよう促します。人に尽くすことを奨励するパライバトルマリンは赦しを促し、自滅的な思考・行動パターンを解消する働きがあります。

産地　スリランカ、アフガニスタン、アメリカ、ブラジル、オーストラリア西部、イタリア、アフリカ諸国。

ブラックトルマリン

パープルトルマリン

その他のクリスタル

幸運のクリスタル

ガーネット

心身に活力をもたらし、その場の状況に応じて情熱や心の平穏を呼びます。色や種類が豊富なガーネットは昔から精力増強に効果がある石として珍重されてきました。正方形にカットされたものはビジネスでの成功を約束するといわれ、困難に遭遇したり挫折しそうになったときにおすすめです。生存本能を刺激して勇気を与え、ピンチをチャンスに変えてくれます。また、時代遅れの考え方を捨てて将来の計画を立てるのにも有効です。効能は色や種類によって異なります。アルマンディンガーネットはゆったりした気分でくつろぎたいときには最適で、アンドラダイトガーネットは創造性を刺激して勇気を与えてくれます。

六方晶系グリーングロッシュラーガーネットの天然石は願い事を叶えたいときに最適です。流れに身を任せて生きる術を説き、人類同胞に奉仕するよう鼓舞します。自己中心的な態度に陥ることなく、もっと個性を発揮したい人にはウバロバイトガーネットがおすすめです。この石は孤独の中に身を置くことの大切さも教えてくれます。

産地　世界中。

ガーネットの原石

研磨したガーネット

グリーングロッシュラーガーネットのタンブル

ルビー

古来、生命力を高め、情熱をかき立てる石として珍重されてきたルビーは、富と権力を象徴する宝石です。モチベーションを高め、生きる意欲をかき立てるこの石は現実的な目標設定を可能にし、行動する勇気を与えてくれます。これまでの人間関係を大切にしながら、もっと個

ルビーの原石

研磨したルビー

サファイアの原石

性を発揮したい人はゾイサイトに内包されたルビーを身につけるといいでしょう。

産地　スリランカ、ロシア、インド、マダガスカル、メキシコ、カンボジア、ケニア。

サファイア

喜びに満ちたこの石は人生に物質的・精神的繁栄をもたらします。色によって特性が異なり、ブラックサファイアを身につけると良い仕事にめぐり合うチャンスが増え、不況でも失業せずに済みます。ピンクサファイアは人間としての成長に必要なものをすべて引き寄せてくれます。イエローサファイアを貯金箱に1個入れておくとお金が貯まるといわれています。

産地　スリランカ、ビルマ、チェコ共和国、ブラジル、インド、ケニア、オーストラリア。

その他のクリスタル

幸運の
クリスタル

ペリドット

古来、強力な守護石として尊ばれてきたこの石は、ユダヤの司祭の胸当てに用いられたといわれています。経済的・霊的な豊かさをもたらし、否定的な信念、有害な思考、貧困意識を根本から解消する働きがあります。自分の能力に自信を持ち、過去の失敗から教訓を得るのに役立ちます。また、自分の能力や適性に気づき、それをもとに生き方や自分自身を変えるのにも有効です。さらに、古くからの浪費癖やケチケチしすぎる性格を改めるのにも適しています。嫉妬心を取り除き、豊かさをいつでも享受する用意があるというメッセージを持ち主に代わって宇宙に放ちます。

ペリドットの原石

産地　アメリカ、ロシア、ブラジル、アイルランド、スリランカ、エジプト、カナリア諸島。

ペリドットのタンブル

マーリナイト（サイロメレーン）

幸運を引き寄せるこの石には神秘的な雰囲気が漂っています。運を味方につけて何か大きなことを成し遂げたいときはこの石を身につけるといいでしょう。また、お互いに補完しあうものや、対極にあるもの同士をバランスのとれた状態に保つ効果があります。つらい経験を積極的な学びのチャンスに変えてくれます。

産地　ニューメキシコ。

マーリナイトのタンブル

ムーンストーン

新たな始まりと直感的理解を象徴するこの石は、周期や流れに沿った行動を容易にし、行動を起こすべき時期と静観すべき時期を見極めるのに役立ちます。女性性を象徴するこの石は、昔から自分を縛っている感情のパターンをあぶりだします。ただし、満月の日に用いるとやや感情的になりすぎるので気をつけましょう。新月の儀式に用いるには最適です。ブルームーンストーンを用いるとこの現実世界と霊的世界を往きかえりすることができます。

研磨された
ムーンストーン

産地　スリランカ、オーストラリア、インド。

ブルーアラゴナイト

ブルーアラゴナイトの色とエネルギーは銅に由来します。きわめて楽観的な性質のこの石は、困難や危機をチャンスに変えてくれます。今世の魂の計画を知るのにも最適です。

産地　アメリカ、イギリス、ナミビア、スペイン、モロッコ。着色されているものもあります。

ブルーアラゴナイト

お金を生むグリッド

幸運の
クリスタル

お金を生むグリッドの作り方は本書のp.80-85を参照してください。右のページのチャクラシステムの詳細については第3章をお読みください。

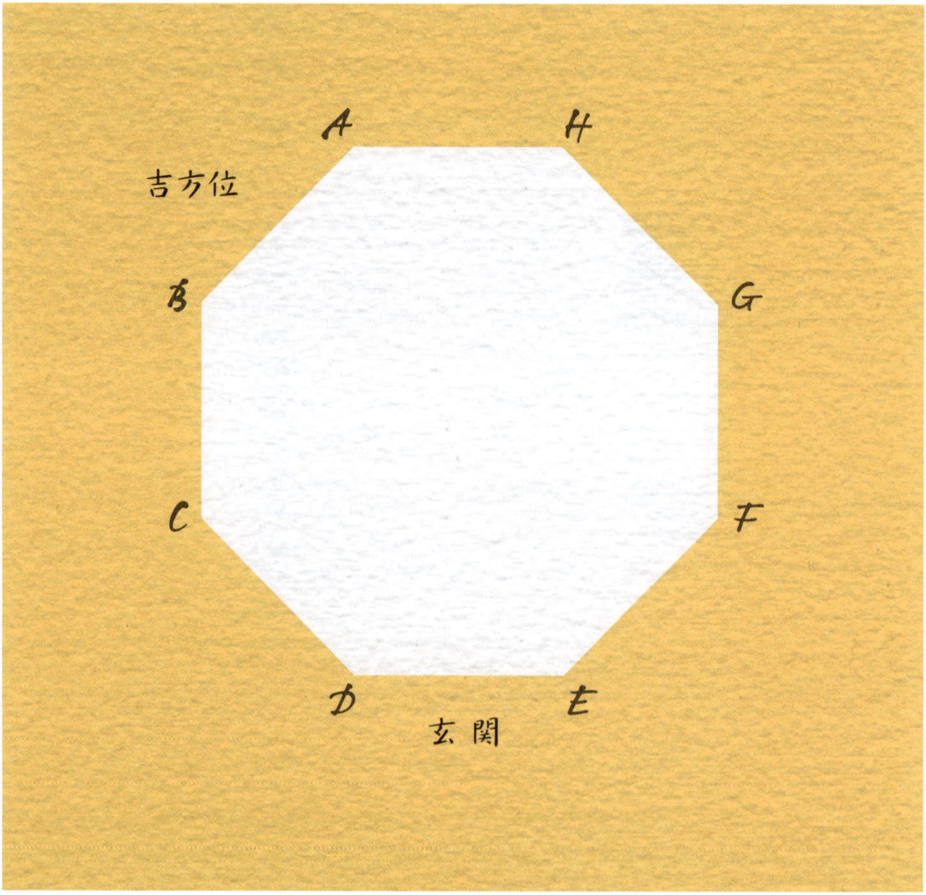

チャクラシステム

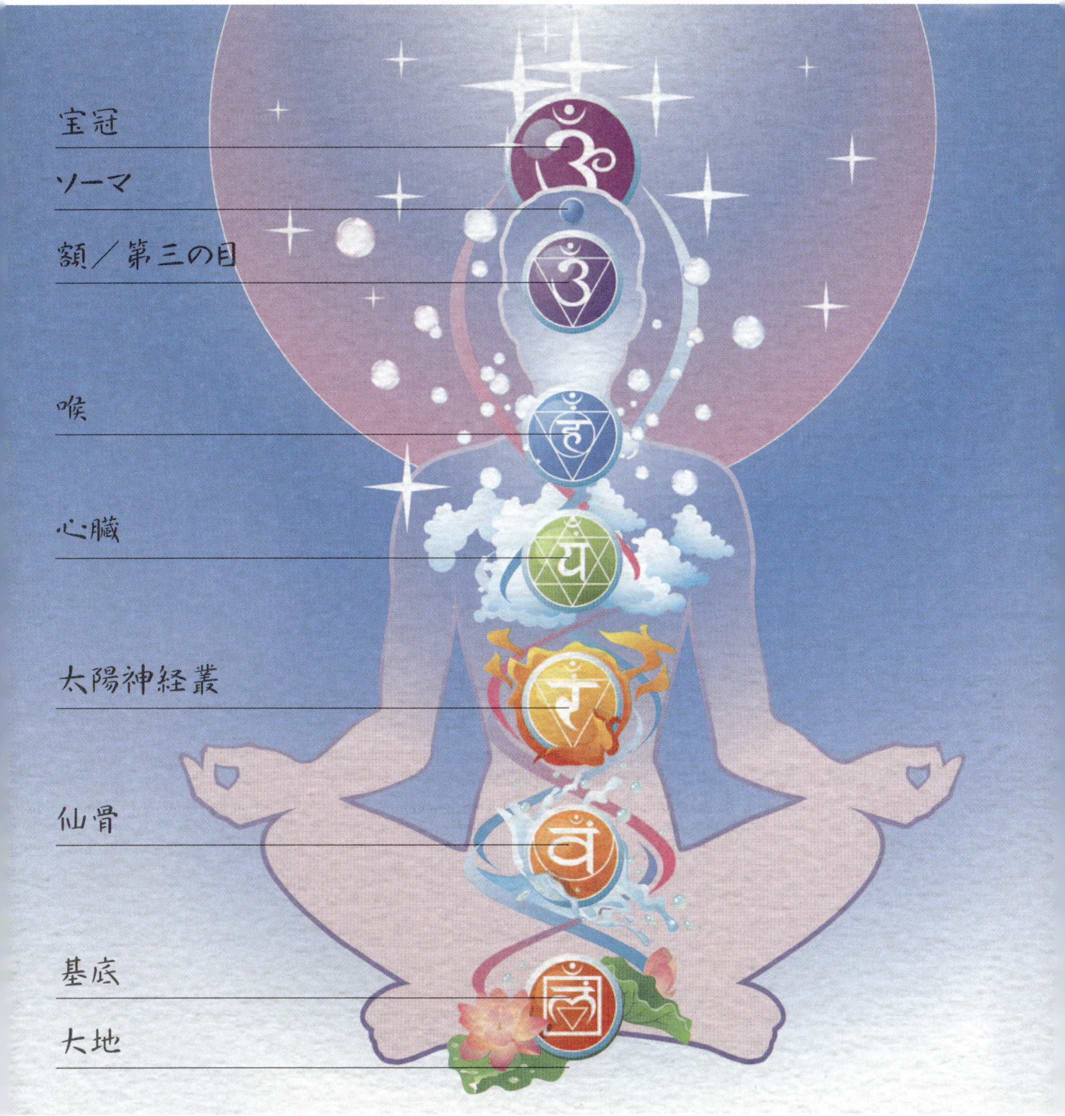
宝冠
ソーマ
額／第三の目
喉
心臓
太陽神経叢
仙骨
基底
大地

索 引

あ

か

索引

さ

た

な

索 引

ジュディ・ホールの関連書

ジュディ・ホールの関連書

クリスタルバイブル

新クリスタルバイブル

ワンランクアップシリーズ　実践　クリスタル

クリスタルを活かす

クリスタル百科事典

いずれも産調出版

Crystal Prescriptions,
O Books (Alresford, UK 2005)

Psychic Self-Protection: using crystals to change your life,
Hay House UK (London, 2009)

First published in the UK in 2010 by
Leaping Hare Press
www.leapingharepress.co.uk

This book was conceived, designed, and produced by **Leaping Hare Press**
Creative Director Peter Bridgewater
Publisher Debbie Thorpe
Art Director Wayne Blades
Senior Editor Polita Anderson
Designer Sarah Howerd

Picture Credits: **Alamy**/Greg C Grace: 127T; WILDLIFE GmbH: 48, 101T, 140. **Getty Images**/Dorling Kindersley: 108C, 126T, 128. **Karen Hatch**: 7. **Ivan Hissey**: 11, 25, 51, 55, 64, 75, 83, 97, 99, 125. **iStockphoto.com**: 3, 12, 21, 46, 62, 63, 133, 155; Stacy Able: 130; Arpad Benedek: 68B, 78, 79, 94T, 101B, 145B; Sun Chan: 144B; Cindy England: 58; Donald Erickson: 22, 34; Umut Ersah: 139B; Christoph Hähnel: 111; Robert Kacpura: 31; Danish Khan: 131B; Martin Novak: 82, 86T, 90; Raigorodski Pavel: 31, 66L, 148C; Stuart Pitkin: 17; Dave White: 15, 89. **Andrew Perris**: 1, 26, 37, 41, 42, 45, 61, 67L, 93, 102B, 104B, 106C, 110T, 113T, 120T, 120C, 122T, 122B, 134, 135, 136T, 138T, 147B, 150B, 153B. **Photos.com**, a division of Getty Images: 5, 18, 19, 32, 38, 38, 72, 86B, 131T, 160.

ガイアブックスの関連書籍

本体価格2,600円

新クリスタルバイブル

ジュディ・ホール 著

ベストセラー『クリスタルバイブル』の続編。
200 種類以上の新たな石を収録した、
ファン待望の一冊。

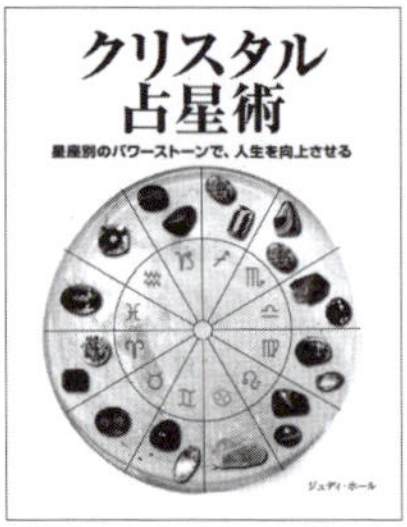

本体価格2,400円

クリスタル占星術

ジュディ・ホール 著

占星術とクリスタルを結びつけた
ユニークで美しい書。
星座別のパワーストーンで人生を向上させる。

Crystal Prosperity
人生を限りなく豊かにする
幸運のクリスタル

発　　行　2011 年 5 月 1 日
発 行 者　平野　陽三
発 行 元　ガイアブックス
〒 169-0074 東京都新宿区北新宿 3-14-8
TEL.03 (3366) 1411　FAX.03 (3366) 3503
http://www.gaiajapan.co.jp
発 売 元　産調出版株式会社

著　者：**ジュディ・ホール** (Judy Hall)
著者紹介は 6 ページを参照。

翻訳者：**福山 良広** (ふくやま よしひろ)
関西大学法学部卒業。名古屋学院大学大学院外国語学研究科修了。訳書に、『聖なるマトリックス』(ナチュラルスピリット)、『新クリスタルバイブル』(産調出版)、共訳書に『マインド・ボディ・スピリット大全』(産調出版) がある。

ISBN978-4-88282-785-6 C2040

Printed in China